中华浑元武术丛书

浑元散手拳

张静 主编

山西出版传媒集团
山西科学技术出版社

【视频跟练】
教艺在师
学艺有法
【习武好书】
博览群书
修身养性
【功法筑基】
深功出巧匠
苦练出真功
扫码领取
浑元散手拳
「攻防秘笈」

戳脚冲拳

独立侧踹

插步撩拳

插步亮掌

踢腿冲拳

腾空飞脚

点踢冲拳

插步冲拳

横裆步冲拳

独立侧踹

师徒合影（从左至右：张丕峰、张静、张希贵、郑建平）

教授拳艺

总　序

“中华浑元武术”作为当代武术的一个流派发展到现在，在东西方文化相互交融的今天，有必要把自己的武术文化在新时代进一步发扬光大。

2010年，在隆重庆祝“中华浑元武术研究会”成立二十周年之际，我们编写了《中华浑元武术汇编》一书，主要介绍了浑元武术的内容、特点、套路动作名称等。2012年，我们又在北京体育大学出版社出版了《浑元武踪　艺德可风——当代中华武林百杰张希贵先生从武六十年掠影》大型画册，以图文并茂的形式系统地介绍了“中华浑元武术”的形成和发展，受到广大读者的好评。为了进一步全面、系统地介绍“中华浑元武术”的内涵和文化体系，将“中华浑元武术”展示给全球武术爱好者，让世人共享，我们决定以“中华浑元武术丛书”的形式陆续出版系列图书。本丛书力求将中华浑元武术的理论特点、精品套路、技击方法及健身养生内涵等等，以图文并茂的形式展现出来，方便后学者研习、借鉴。

近几年，许多相关人士提出弘扬优秀传统文化，恢复国学，发扬优秀的传统武术，提倡武术的实战应用，倡议武术要打练结合，传统武术和现代竞技武术并行发展等口号，在神州大地反响很大，海内外人士积极回应。“中华浑元武术”的套路和内容是在传统武术的基础上发展起来的，在现代科学思想精神指导下，博采众长，取其精华，去其糟粕，去伪存真，以“养生、健身、观赏、实用、竞技”为特点，融现代科学、生物力学原理与中国传统哲学、医学、武学于一体，是具有独特风格的现代武术，也是当今传统武术的精品。因此，推广“中华浑元武术”完全符合当今武术发展的需要，可以毫不夸张地说，“中华浑元武术”的每个套路都具有代表性，综合了各流派的精华。例如“浑元形意拳”，它融合了山西、河北、北京及东北地区等全国各式形意拳之精华动作，有机地组合而成；再如“浑元散手拳”，是吸取了长拳、短拳、戳脚、翻子拳、通臂拳、劈挂拳、形意拳、螳螂拳等部分精华技击动作组合而成的。由于套路编排合理、内容丰富，加之演练精妙，突显其健身性、观赏性、实用性、科学性，因此可以说是承前启后、继往开来的非常优秀的武术拳种。

中华武术是在古代劳动人民长期的生产、生活实践和社会斗争中形成的一种攻防格斗技术，在近代发展成为一种传统民间体育项目。

过去中华传统武术的发展都围绕着“内家”和“外家”两大派系而诞生了多个拳种，在民间流行。在冷兵器时代，由于战争的需要，武艺融入军队，由于军队里流行着以武术为代表的传统武艺活动，又使以实战为内容的武术得到了较好的继承与发展，从而使武术发展成为一种中国传统的民族体育项目。当今传统“武艺”活动仍作为练兵习武的方式在军营里盛行，而且起着重要的作用，军队中的“武艺”活动一直得到延续。

作为传统的具有悠久历史的中华武术，在明清以后出现了相当繁杂的种类和项目，并且逐渐形成许多不同流派，标志着传统武术在这一时期的繁盛。这一时期除武术套路迅速发展以外，还流行着许多与武术相关的健身活动，主要有八段锦、易筋经、五禽戏等。另外，还有很多简单且易于推广的健身器材及锻炼方法，流行在乡间、田野，如石锁、石担、皮条、杠子等。

民国时期，有识之士提出了“拳艺者，体育之最上乘也”，渐知拳术为之国魂，主张将武术用作学校体育课的教学内容。1914 年，当时的教育部非常提倡武术，明令“各学校应添授中国旧时武技”。至此，我国传统武术正式被列为学校课程，这一时期，受“尚武”教育的影响，人们大多视武术为一种实用技术，重在自卫应敌。因此，这一时期国人对民族传统体育的关注，自然就着眼于具有实用功能的武术了。

中华人民共和国成立以后，为武术运动全面、系统、科学化发展，创造了前所未有的机遇和环境，为民族传统武术的发展创造了“普及、提高”的良好环境，使武术逐渐走向规范化、系统化。

武术作为一项独立的民族传统体育项目，向全世界全面推广已逐步付诸实践，由于社会的进步和世界文化的融合，武术已经进化发展成为一种世界人民喜闻乐见的现代体育与传统体育相结合的运动。

当前国家相关部门提出竞技武术、传统武术和散打实战武术并行推广，是一个良好的决策，尤其是提倡“武术六进”（进军营、进学校、进社区、进乡镇、进机关、进企业），规定在全国重点开展的七个体育项目中，除足球外，武术被列为第二位重点开展项目，将武术提到前所未有的高度，给中华传统武术进一步发展提供了良好机遇，预示着今后的中国传统武术活动必将在我国各个地区蓬勃发展。机遇和挑战并存，这就是我们发起整理出版“中华浑元武术丛书”的基本理念和原动力。

丛书冠以“中华浑元武术”，是因为它是中华武术的一部分，“浑元武术”只是其中的一个门类，我们推出有时代特点的“浑元武术”是为承前启后、继往开来，弘扬中华武术文化，继承中华民族传统之精神，使奥妙无穷、源远流长、博大精深的中国传统武术传播于海内外，为全世界人民健康服务。

余通过武术工作的实践，看到了一些东西，想到了一些问题，于是也就写了一些书籍，制作了一些视频光盘，组织了一些比赛，在不同的座谈会上也发言过几次，在一些体育大学也讲过武术课，得到的回应多是肯定的，这些理所当然地增强了余进一步探讨武术的信心。

我们过去谈论武术，往往就事论事，就武术谈武术，看不到中国武术的全貌，看不到武术文化的真谛，经过多年的思考实践，才知道武术万法不离其宗，拳法虽殊，其理如一，都是以呼吸配合姿势，通过四肢屈伸、开合而运动。学中国传统武术，了解中华民族传统文化，会逐渐豁然。中华民族在长期的历史发展中，创造了很多种民族传统武术项目，有的始于宫廷，有的来自民间。武术作为优秀的传统体育项目，以武艺衍生武术文化，可分为军事、健身、实战、养生、气功等几大类，每一类中又分出许多具体的类别来，如武术的拳类又分为长拳、短拳、形意拳、太极拳、八卦掌、螳螂拳、华拳、查拳、象形拳、通背拳、劈挂拳、翻子拳、大红拳、少林拳、地躺拳、迷踪拳、咏春拳等，然而拳非一家，各擅其长。但尺有所短，寸有所长，如果能互为补充，则能相得益彰。虽然武术中许多拳路大不相同，但动作大同小异，其运动规律是一致的，这些都应该认为是有机的整体思维方式。这与我们中国传统文化、中国武术文化“天人合一”的思维方式完全一致，也与“大象之阴阳太极图”这一中国文化传统理念中特定的文化相符合。

这一篇所谓的总序，只是个人之见。但余认为，中国传统武术究其文化思想，必须把它放在中国传统文化大框架内。武术是“集内外功之融合”，发扬传承武术之精神，弘扬中华文化，使武术成为一种真知，被世人所接纳，为人类的身心健康服务。写此丛书的目的，就是要把自己从武六十多年来的经历、经验，尤其是博采众长创编的一些武术套路贡献给社会，献给热爱武术运动的人们，使他们在学习中少走点弯路，多一些捷径，尽快掌握比较好的、优秀的武术内容，为中华传统武术的进一步传承发展做出贡献。

中华武术博大精深，种类繁多，而且各成体系，即使是武术专业工作者，或是特别好学好练者，一个人穷尽一生精力也难以精通多个门派的功法和套路。余一生从事武术活动，20 世纪六七十年代曾执教于山西省体工队武术队，任总教练，从事专业训练二十多年，得以有机会接触国内老一辈武术名家高手，经过虚心求教后受益匪浅。后来余又在民间武术社团活动中工作了四十多年，从事武术挖掘整理、技术培训、走访座谈、专题研讨、组织国内外传统武术竞赛活动等，因而汲取了不少营养，丰富了自身的武术素材。今虽年逾古稀，不忍湮没所学，故与同学商量，整理所得，留给后学，以志传承永续。

这次“中华浑元武术丛书”的出版，得益于山东郓城县武协主席、中华浑元门传人张平同志的大力支持、倡导与组织；得益于武术名家河津浑元门传人买正虎先生等人的策划和编撰；还有北京浑元门弟子郑建平先生的辛勤编撰、电脑制作；以及孙绪、李来生、张高生等弟子的协助编写、摄像、绘图、校稿。余在此一并表示最真挚的感谢，希望丛书能够顺利完成，若能对社会略有裨益，则深感荣幸。是为序。

张希贵

前　言

中华武术源远流长，博大精深。目前，流传于我国的拳种至少有 129 种。这些拳术传承有序、自成体系、风格独特，有柔和缓慢的陈式、杨式、孙式、吴式、武式太极拳，傅山子午太极拳，大悲拳等；有刚健有力、劲力突出的形意拳、八极拳、翻子拳、通臂拳等；有擅长腿法、灵活多变的长拳、少林拳等北方拳法；也有以拳法为主的南拳、短拳、五祖拳、虎鹤双形拳等南方拳种。

传统武术的特点是，所有的拳种都具有攻防含义，包含散打格斗的技巧和方法，只是有些重视套路运动的表现形式，有些注重攻防实战的实际应用。

注重套路运动形式的拳种强调“精神贯注、姿势正确、动作优美、发劲适当、协调和顺、内外合一”；而注重攻防实战的拳种则以搏击实用为目的，练习克敌制胜的方法和技巧。

古代的武术以拳脚为主，冷兵器为辅。自从火器出现以后，传统武术的战斗作用已黯然失色，以拳脚和冷兵器为主要格斗手段的实战武术逐渐淡出历史舞台，逐渐演绎成养身健体、陶冶情操的方式。

由于武术是中华民族的优秀传统文化之一，除了攻防格斗作用外，还有阴阳五行生克学说，以及健身养生、休闲锻炼、娱乐身心等功能，可供爱好者学习研究。因此传承中华传统武术文化，也是我们义不容辞的责任。

本书主要介绍“中华浑元武术”中的两个套路，一路短拳和二路散手拳。这两个套路将武术的踢、打、摔、拿等攻防技击动作有机地组合在一起，形成独特的综合套路运动形式。通过这两个套路的学习和锻炼，可使武术动作做到姿势正确、协调和顺、动作脆快、干净利落、劲力饱满、刚劲有力。

这两个套路体用兼备，既可单独练习其中的某一动作或动作组合，也可以连贯起来进行整套练习，每一动作或每一组合都有技击攻防之意，久练可用于实战。经过多年的教学实践，反馈良好，故介绍给广大武术爱好者，希望能够传承下去，帮助更多有需要的人。

张静

目录

第一章　武术基本动作和术语

第一节　手型与手法

一、拳

1. 卷心拳

四指并拢卷曲紧握，拇指扣在食指和中指的第二指节上，拳面要平。（图 1–1）

要点：拳要握紧，拳面要平，手腕伸直。

2. 螺形拳

五指卷曲紧握，握法同卷心拳，唯拳面呈斜坡，拳为螺形。（图 1–2）

3. 空心拳

拳面卷曲或呈螺形、斜面形，但手心虚空，手指放松。（图 1–3）

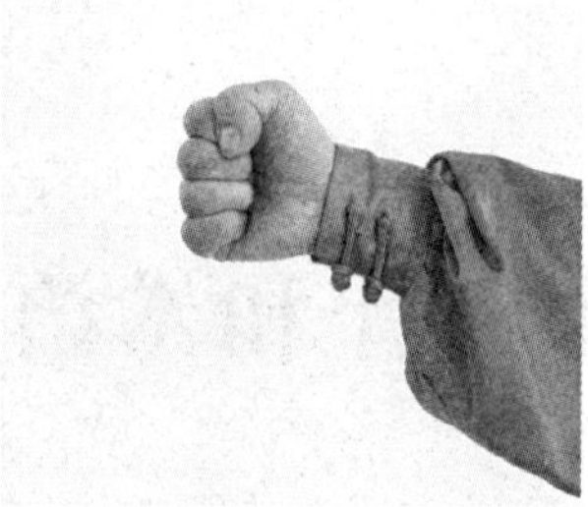

图 1–1

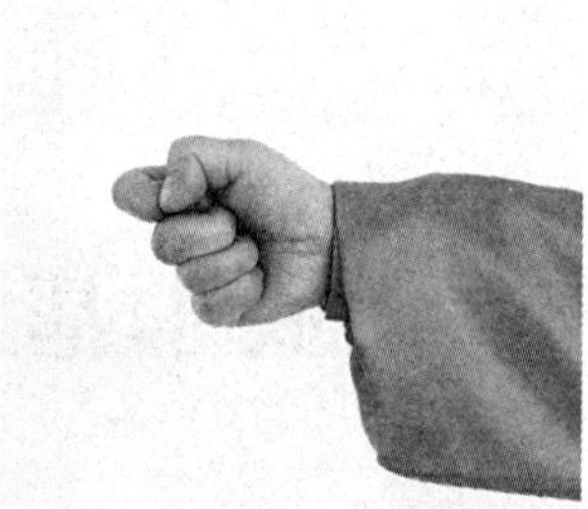

图 1–2

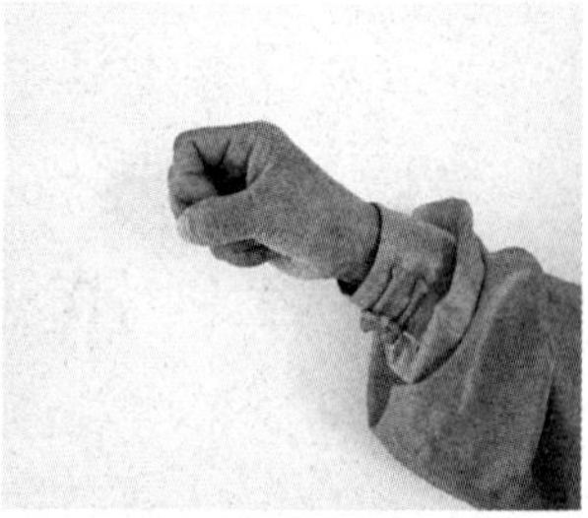

图 1–3

4. 仰拳

拳心向上，四指并拢卷曲，拇指扣在食指和中指的第二指节上，拳面要平。拳可紧握，也可虚握。（图 1–4）

5. 俯拳

拳心向下，拇指扣在食指和中指的第二指节上，拳面要平，拳可紧握，也可虚握。（图 1–5）

6. 抱拳

拳心向里或向上，屈肘握拳收抱于腰侧或小腹处（肚脐或肚脐旁）。有单手抱和双手抱之分。这里专指起势时。

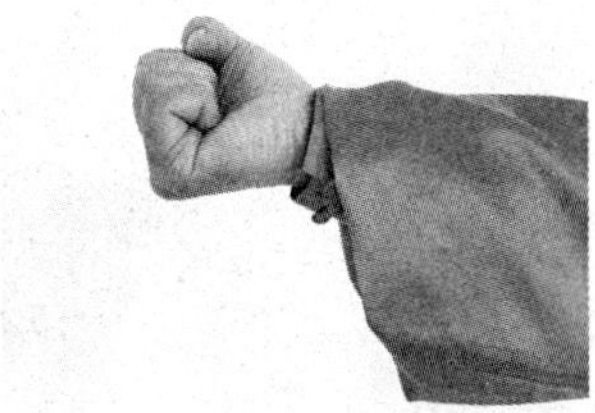

图 1–4

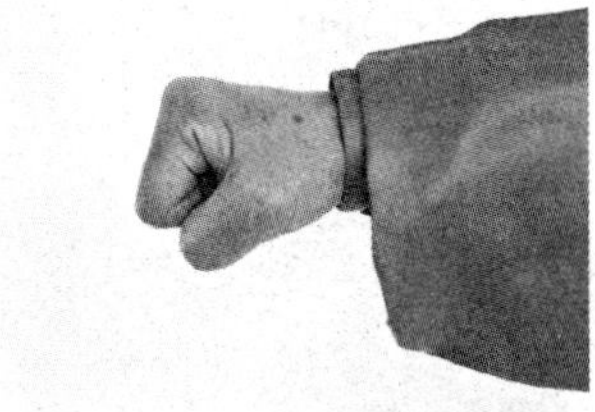

图 1–5

二、掌

1. 柳叶掌（立掌）

四指并拢伸直或屈腕，拇指弯曲紧扣于食指内侧处。（图 1–6）

2. 自然掌

五指自然分开，指尖微扣，虎口撑圆，手心微凹，形似烤火。（图 1–7）

3. 仰掌

手心向上为仰掌。（图 1–8）

图 1–6

图 1–7

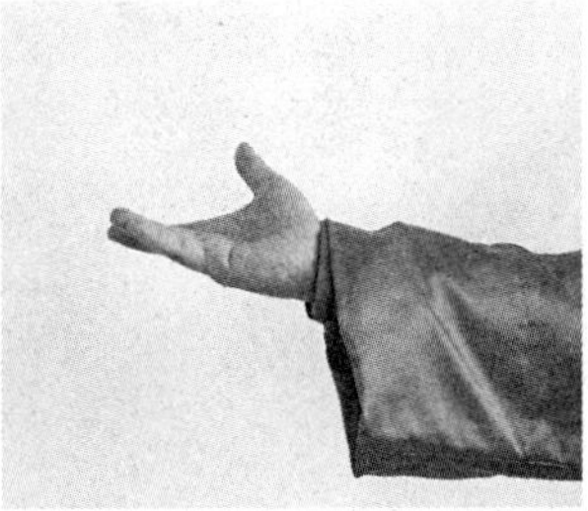

图 1–8

4. 俯掌

手心向下为俯掌。（图 1–9）

5. 立掌

四指并拢伸直屈腕，拇指弯曲紧扣于食指内侧处，掌外沿尽量向前。（图 1–10）

6. 鹰爪掌

五指屈钩，形似抓握。（图 1–11）

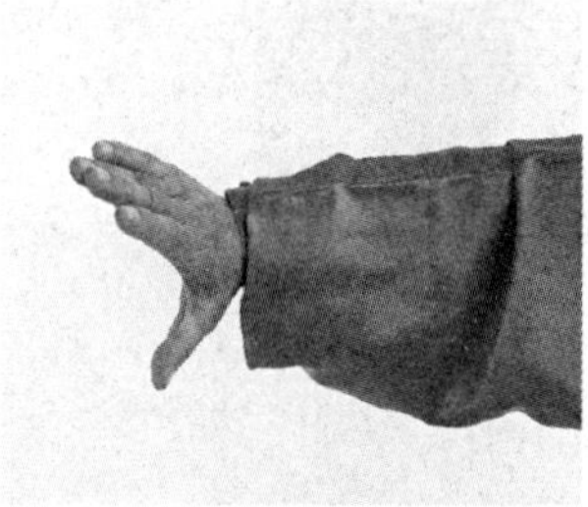

图 1–9

图 1–10

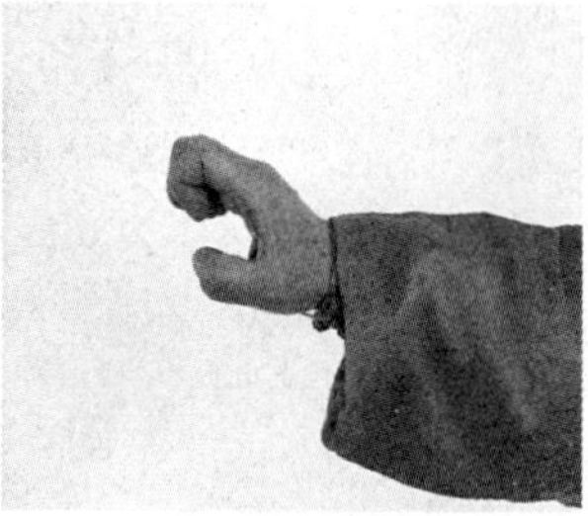

图 1–11

三、勾

1. 撮勾

手腕屈曲，将五指第一指节捏拢在一起。（图 1–12）

2. 刁勾

手腕屈曲，将四指屈勾，大拇指放在食指上面。（图 1–13）

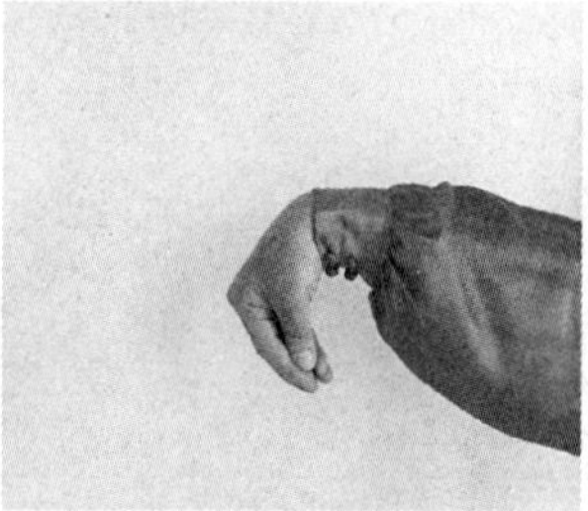

图 1–12

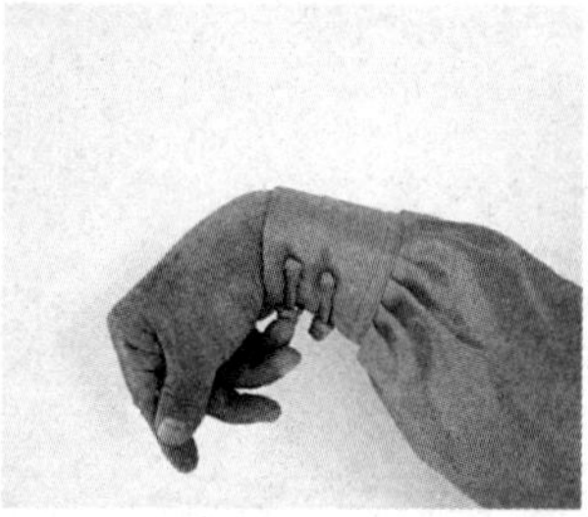

图 1–13

第二节　拳法与掌法

1. 冲拳

拳从腰腹间发出，直臂向前冲击，力达拳面，高与肩平。拳心向下为平拳，拳眼向上为立拳。

要点：出拳要快速有力，要有寸劲，要求拧腰、顺肩，击点要有爆发力。

2. 砸拳

拳从上向下屈臂下击，拳心向上，力达拳背或拳轮。

3. 贯拳

拳从侧下方向前上方弧形横击，臂微屈，力达拳面。（图 1-14）

4. 鞭拳

立拳经身前向侧面或后面直臂甩出，力达拳面和小臂。

5. 挑拳

拳心朝里，向上挑击，力达拳面。

6. 盖拳

以肘为轴，用拳背向前或侧向击打，力达拳背。

7. 架拳

拳上架于头部上方，拳心向外。

要点：松肩，肘微屈，前臂内旋，拳眼向下。

8. 推掌

拳变侧立掌，以掌根为力点向前推出，高与肩平。

要点：出掌要快，注意拧腰，顺肩，翘掌，力达掌根。

9. 亮掌

拳变掌，经体侧向上画弧，停于头部前上方，屈腕，使掌心向上。（图 1-15）

要点：应用时抖腕、亮掌与转头要同时完成。

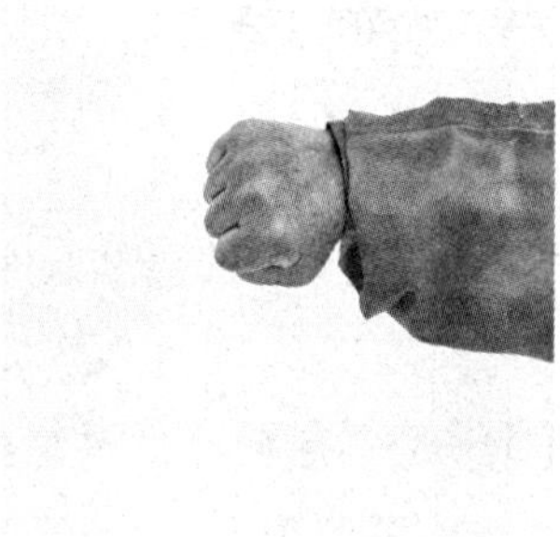

图 1–14

图 1–15

10. 扑面掌

五指并拢，掌心向外，横掌弧形前扑，力达掌心。

11. 贯耳掌

五指自然伸展，指尖向前，掌心向里，由下向前上方弧形横击，力贯掌中。

12. 插掌

掌指向前，经身前向前方伸插，力达指尖。

13. 搨掌

掌心向下，以掌根用力突然向下按压，力注掌根。

14. 捋手

直臂前伸，掌心或拳心向上，高与眉眼平；然后前臂急速内旋，掌心翻转向下，五指呈半握状，向下拉拽，下捋时要有震劲。

第三节　步型与步法

一、步型

1. 弓步

一腿屈膝前弓，大腿接近水平，脚尖微内扣；另一腿挺膝伸直，脚尖内扣。两脚全脚掌着地。两脚距离约三个半脚宽，上体正直，挺胸塌腰，眼向前平视。（图 1–16）

2. 马步

两脚平行开立，脚尖正对前方；两腿屈膝半蹲，膝部不要超过脚尖，身体重心在两腿之间。（图 1–17）

图 1–16

图 1–17

要点：大腿尽量接近水平，脚跟向外撑，上体正直。

3. 虚步

两脚前后开立，一脚外展约 45 度，屈膝半蹲；另一脚脚跟离地，脚尖虚点地面，膝部微屈。（图 1–18）

要点：两腿虚实分明，重心腿要站稳，虚腿不得踏实。

4. 仆步

一腿屈膝全蹲，臀部接近小腿，全脚着地，脚尖和膝关节外展；另一腿挺直平仆，脚尖里扣，全脚着地。（图 1–19）

要点：屈蹲之腿和脚跟不要离地，平仆之腿膝不可弯曲，脚尖和脚外侧不要抬起。

图 1–18

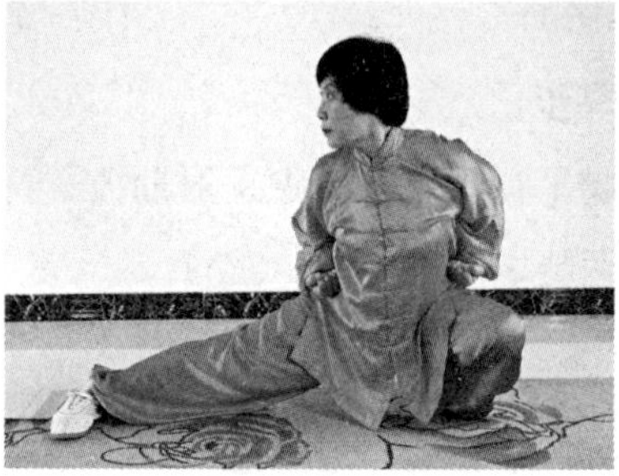

图 1–19

5. 歇步

两腿交叉向左（右）转体约 180 度，左（右）脚全脚着地，脚尖外展，右（左）脚前脚掌着地，膝盖贴近左（右）小腿处，臀部接近右（左）腿脚跟处。（图 1–20）

要点：两腿要靠拢、贴紧，两腿不可散开，重心也不要完全后坐。身体要正，不可前俯后仰。

6. 半马步

两腿屈膝半蹲呈马步，前脚脚尖微向外展约 30 度，后脚脚尖内扣约 45 度，重心略偏于后腿。（图 1–21）

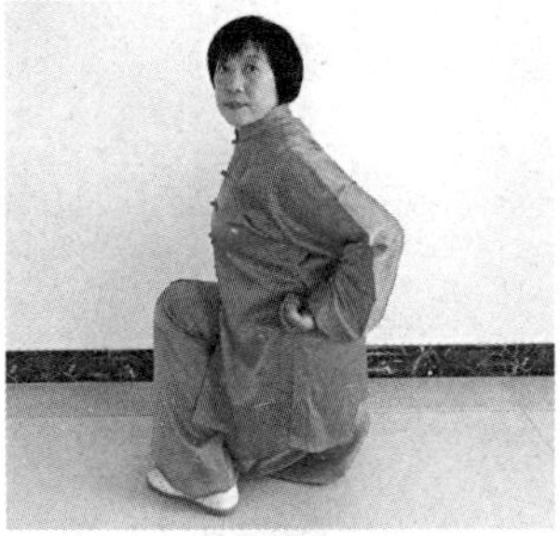
图 1–20

图 1–21

二、步法

1. 上步

后脚经过前脚向前迈步。

2. 撤步

前脚收回半步。

3. 进步

前脚向前移步。

4. 退步

前脚经过后脚向后退步。

5. 跟步

后脚向前跟进半步，但不越过前脚。

6. 拖拉步

步型不变，前脚向前进步，后脚随之贴地拖拉滑移；此步法在八翻手拳路中应用较多。

7. 摆步

一脚提起，脚尖外展、踏实。（图 1–22）

8. 扣步

一脚提起，脚尖向内勾扣、踏实。（图 1–23）

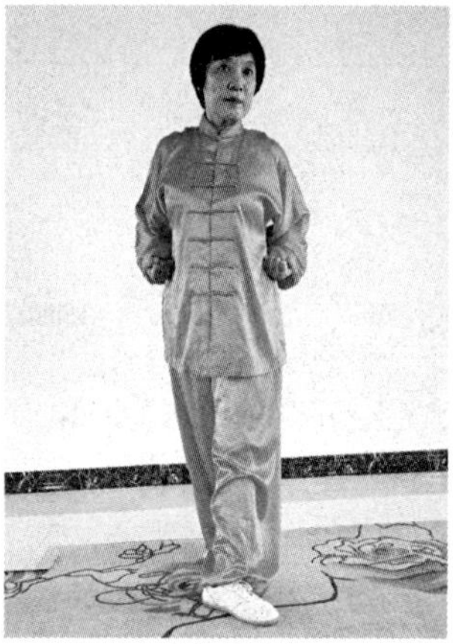

图 1–22

图 1–23

9. 盖步

一脚经另一腿前横向迈步。（图 1–24）

10. 倒插步

一脚向另一腿后侧迈步，脚尖点地，脚跟抬起。（图 1–25）

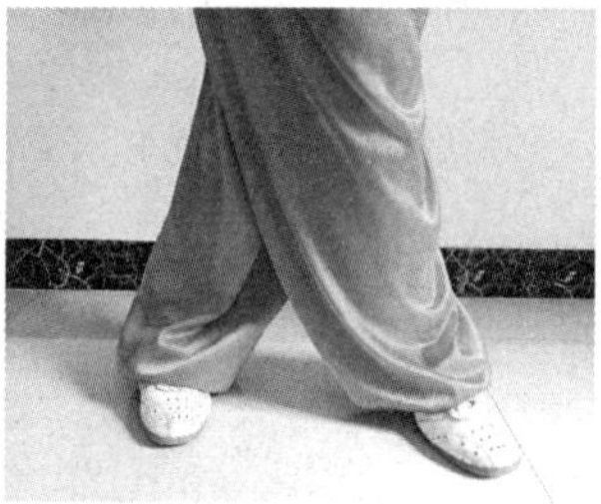

图 1–24

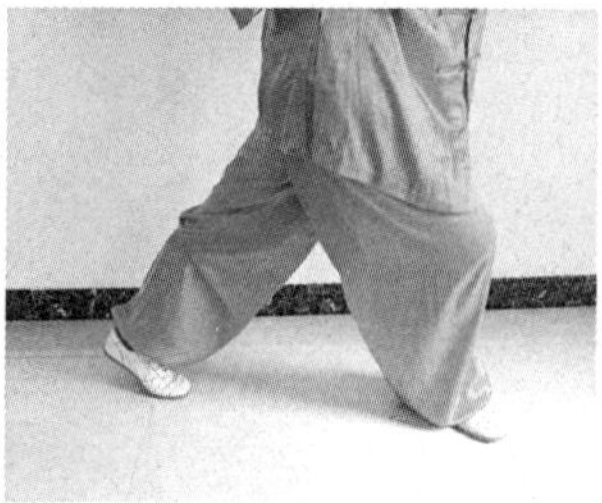

图 1–25

11. 并步

一脚向另一脚并步靠拢，两脚踏实。（图 1–26）

12. 纵跳步

一腿上提，一脚蹬地前跳落地。（图 1–27）

13. 独立步

支撑腿微屈站稳；另一腿屈膝提于身前，大腿略高于水平，脚尖自然下垂或勾起。（图 1–28）

图 1–26

图 1–27

图 1–28

14. 击步

后脚向前脚后跟处进步、踏实，前脚立即抬起前移。（图 1–29 至图 1–31）

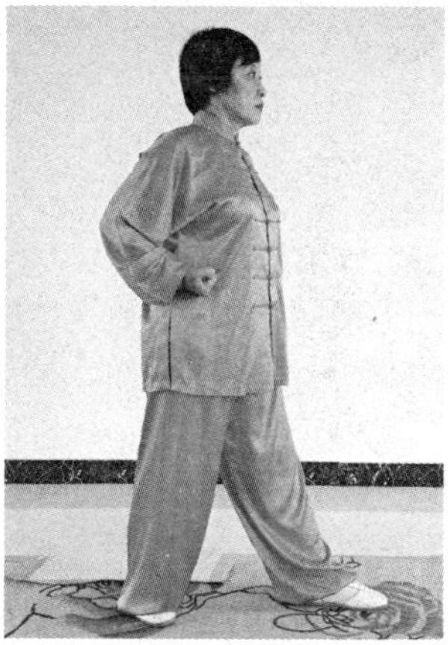

图 1–29

图 1–30

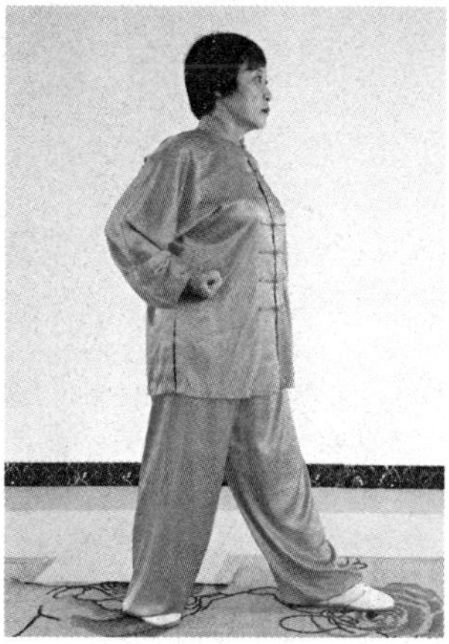

图 1–31

第四节　腿法

1. 正踢腿

一腿站立，另一腿脚尖勾起向前额处踢起。

要点：踢腿要快，落腿要轻，两腿不能弯，力达脚尖。（图 1–32）

2. 弹踢腿

一腿站立，另一腿屈膝提起，用力挺膝向前平踢，脚面绷直，力达脚尖。（图 1–33）

图 1–32

图 1–33

要点：弹踢时要有爆发力，注意收胯，身正步稳。

3. 蹬腿

与弹腿同，唯脚尖勾起，力达脚跟。（图 1–34）

4. 踹腿

一腿支撑站稳，另一腿屈膝提起，脚尖里勾，脚跟用力向身体侧面踹出，高不过头，低不过膝。（图 1–35）

要点：踹腿时上身可向侧倒，挺膝、开胯，速度要快。

图 1–34

图 1–35

5. 勾踢腿

一腿直立微屈，另一腿屈膝后提，脚尖上翘，然后向前、再向上勾踢，高不过腰。（图 1–36）

要点：勾踢时力在脚背和脚腕上，一般勾踢对方的脚跟或小腿处，用力要猛，速度要快。

图 1–36

第五节　身型与身法

1. 长拳类身型

要求头正颈直，身正步稳，挺胸，塌腰，收腹，下颌微收；呼吸时气向上提于胸部；精神抖擞。

要点：两拳紧抱于腰间，拳心向上，拳轮和小臂紧贴腰侧。两眼向前平视，出拳和收拳都要经过腰间。

2. 形意拳、太极拳、八卦掌类身型

上体要求头正颈直，下颌内收，含胸，实腹，圆背，溜臀，沉肩，垂肘，松腰，松胯；呼吸时气向下沉于小腹（丹田）；出拳或掌定势时，臂不要伸直，肘部微屈。

3. 身法

运动时以腰为轴，手眼相随，手到眼到；出拳（掌）时要扭腰顺肩，挺胸塌腰。

第二章　一路短拳

一路短拳结构紧凑，拳法密集，刚劲有力；一招一势干净利落，劲力突出。本套拳是练习武术入门的基础拳法。

第一节　动作名称

一、起势

（一）并步按掌

（二）抡臂抱拳

二、马步上举

三、叉步下按

四、马步顶腕

五、马步双冲拳

六、弓步冲拳

七、震脚马步按掌

八、弓步上击

九、马步下砸拳

十、弓步横贯拳

十一、马步撅臂

十二、弓步连三拳

十三、马步右冲拳

十四、马步左冲拳

十五、上步右冲拳

十六、抡臂仆步盖打

十七、马步架冲拳

十八、提膝压掌

十九、马步架打

二十、转身弓步劈打

二十一、弓步格臂

二十二、弓步左右冲拳

二十三、腕花仆步下切掌

二十四、弓步双推掌

二十五、马步双撑掌

二十六、弓步甩掌

二十七、仰身双勾手

二十八、转身跟步顶腕

二十九、马步双撑掌

三十、马步顶肘

三十一、马步撅臂

三十二、弓步插掌、冲拳

三十三、提膝抽掌

三十四、马步砍掌

三十五、转身提膝按掌

三十六、弓步连四拳

三十七、左右弓步冲拳

三十八、丁步提手

三十九、马步下切掌

四十、虚步双分掌

四十一、进步双切掌
四十二、跟步双扑掌
四十三、擒腕双冲拳
四十四、转身扣腿双冲拳
四十五、腕花仆步下切掌
四十六、弓步冲拳
四十七、虚步抱拳
四十八、并步按掌
四十九、立正收势

第二节　动作图解

一、起势

（一）并步按掌

1. 两腿并立，两手自然下垂呈立正姿势。两眼向前平视，做到头正、项直、收下颌、心静、体松。（图 2–1）

2. 两臂从两侧直臂上举，两臂外旋使手心向内旋，两掌心相对，掌指向上；同时两眼随右手移动，目视两手。（图 2–2）

3. 两臂屈肘，手心向下，两手从身前下按至小腹前，掌心朝下，手指相对，目视左前方。（图 2–3）

图 2–1

图 2–2

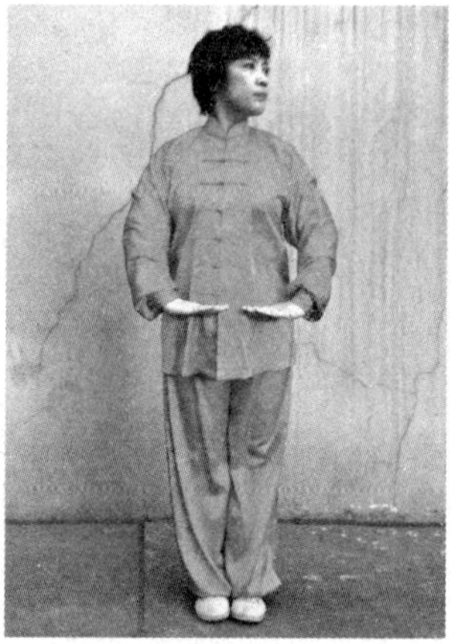

图 2–3

（二）抡臂抱拳

1. 两小臂在腹前交叉，右上左下，手心向内。（图 2–4）

2. 两手同时移动，右手从下向左向上再向右侧直臂弧形绕环，至右侧平举；同时左手由下向左侧平举，眼随右手移动。（图 2–5）

图 2–4

图 2–5

3. 左臂不动，右手从右向左侧平移，至左侧时，右掌变拳，右臂内旋使拳心斜向外；同时左手变立掌，掌指斜向上，四指并拢，置于右拳背处。上体微向左转。目视两手。（图 2–6）

4. 两手呈抱拳不变，同时两臂屈肘，随身体转正经胸前向前推出，臂微屈。目视前方。（图 2–7）

图 2–6

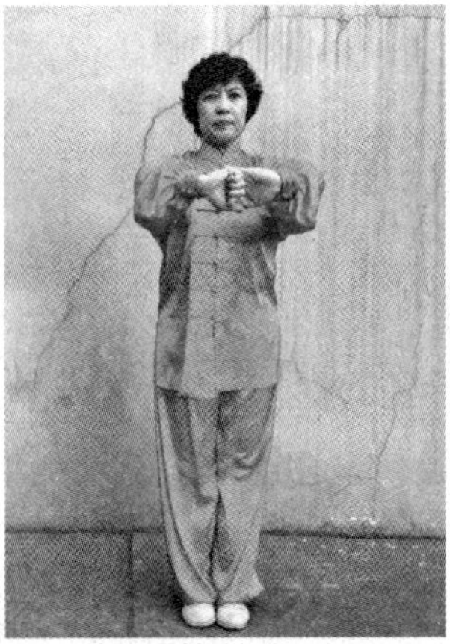
图 2–7

二、马步上举

1. 两臂外旋，两手变掌，手心翻转向上。（图 2–8）

2. 左脚向后撤一步，同时左手向下向后甩。（图 2–9）

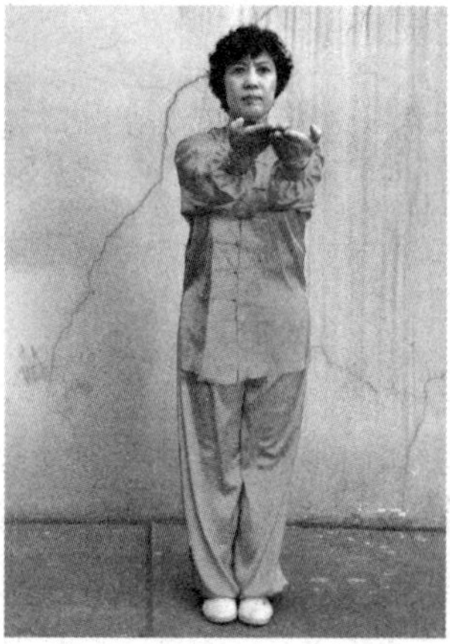

图 2-8

图 2-9

3. 右脚再向后撤一步，右手向下向后甩出；同时两腿屈膝半蹲呈马步，两手直臂上举，臂微屈。目视右手。（图 2-10、图 2-11）

图 2-10

图 2-11

要点：两腿撤步要快，两臂下甩和上举要与步法配合协调一致，同时完成动作。马步半蹲时大腿尽量蹲平，两脚尖平行向前，马步两脚间的距离约为身高的一半，身体保持正直，不可前俯后仰凸臀；上举之手外旋要有拧裹劲。

三、叉步下按

1. 两臂屈曲，两掌心向内，下落于右肩前；同时两腿微屈。（图 2-12）

2. 上动不停，两腿用力挺直呈开立步，重心居中；同时两掌掌心用力向下切按。目视前方。（图 2–13）

图 2–12

图 2–13

要点：两掌切按时要贴近胸腹，发力迅猛，要有爆发力。两腿挺直开立时，脚跟向外要有撑劲。

四、马步顶腕

1. 上动不停，两臂外旋，手心外展于体侧，随即两臂内旋，两手向腹前收拢；同时两脚擦地略向内收，上体略微前倾。目视两手。（图 2–14）

2. 上动不停，两腿屈膝半蹲呈马步；同时两手屈腕勾手，向前快速出击。目视前方。（图 2–15）

图 2–14

图 2–15

要点：动作要连贯，一气呵成，收放自如，发力快脆。

五、马步双冲拳

1. 身体略向右转，右腿不动，左腿蹬直微屈；同时两手变掌向右侧抓搂。目视两手。（图 2–16）

2. 动作不停，身体回正，两腿呈马步；同时两手变拳向前冲击，拳心相对，拳面向前。目视正前方。（图 2–17）

图 2–16

图 2–17

六、弓步冲拳

1. 保持马步不动，两拳收回腰际，拳心向上。（图 2–18）

2. 身体向左转约 90 度，左腿屈膝半蹲，右腿挺膝蹬直呈左弓步。同时左拳不动，右拳向右侧正前方冲出，拳高与肩平，力达拳面，拳眼向上。目视右拳。（图 2–19）

图 2–18

要点：冲拳要快速有力，要有寸劲。弓步左腿要平，右腿尽量挺直，脚尖内扣。挺胸，塌腰，落臀。

图 2–19

七、震脚马步按掌

1. 左脚不动，右脚向左脚靠拢，脚尖虚点地面，两腿均屈膝半蹲呈丁字步。同时右拳下落于体前，拳背朝前；左臂屈肘，左拳变掌置于右肩前。目视右侧。（图 2–20）

2. 身体向右转约 90 度，右腿屈膝提起，右脚外摆震脚，落地踏实；左腿提起向右脚左侧落地，两腿半蹲呈马步。与此同时，右拳在身前向上再向外画弧，拳心向上收抱于腰间；左手从上向下再向左在身前画弧下按于左膝前。目视左手。（图 2–21）

图 2–20

图 2–21

要点：动作要求连续完成，右脚震脚落地要踏实，全脚掌着地，左脚提起勿高，与震脚同时完成。

八、弓步上击

图 2–22

身体微左转，右腿挺膝蹬直，呈左弓步。同时右手变掌向左前上推击，力达掌托；左手扶护于右肩前。（图 2–22）

要点：左弓步蹬腿要直，脚尖尽量内扣；右掌上推时掌根用力前击。

九、马步下砸拳

图 2–23

接上动，重心右移，左脚内扣变马步。右掌变拳，右臂微内旋，使拳轮朝下向裆中砸下，臂伸直，力达拳轮；同时左掌变拳，拳心朝下，左臂屈肘向上抬起，肘高于肩。（图 2–23）

要点：右拳下砸要快速、有力，同时左肘上抬，上下协调配合。

十、弓步横贯拳

身体微右转，右腿屈弓，左腿蹬直呈右弓步。同时右拳直臂向右侧上方贯击，高与头平，力达拳背；左臂外旋屈肘，左拳收抱于腰间。目视右拳。（图 2–24）

要点： 右臂由下向右上方横扫贯打如甩鞭，故称鞭拳，力贯拳臂，至右侧急停。

图 2–24

十一、马步撅臂

1. 右腿蹬地屈膝提起，左腿微屈独立。同时右臂内旋，右拳变掌向身前下按；左拳变掌，掌心向上。（图 2–25）

2. 上动不停，右脚向身后落步，两腿屈膝半蹲呈半马步，右脚微扣，左脚斜向前。同时右掌下落于腹部，掌心用力下按；左掌掌心向前上方用力上托。目视前方。（图 2–26）

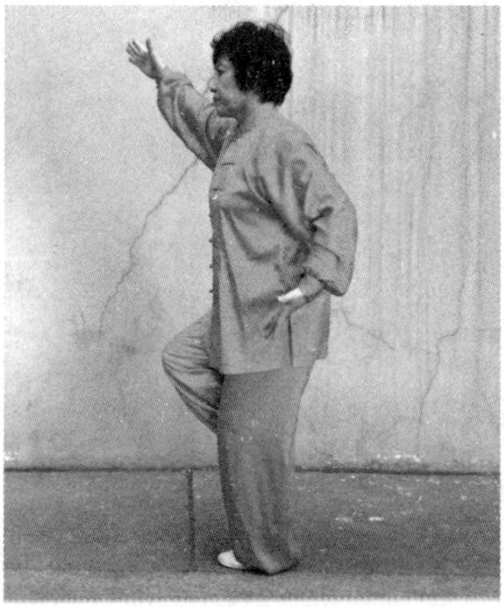

图 2–25

图 2–26

要点：此动主要是两手上下要形成合力，左手上托、右手下按要同时进行。如遇对手右臂进击时，我以右手抓住对手手腕处，左手托住其右肘关节处，上下较劲，其臂则危矣。

十二、弓步连三拳

1. 左脚不动，右腿挺膝蹬直呈左弓步式。同时左手变拳收抱于腰间，拳心向上；右掌变拳，拳心向下从腰间向前直臂冲击，力达拳面。目视右拳。（图2–27）

图 2–27

2. 两腿不动。左拳内旋使拳心朝下，直臂向前冲击；同时右拳外旋拳心向上收抱于腰间。目视左拳。（图 2–28）

3. 两腿仍不动。右拳内旋使拳面朝前，直臂向前冲击；同时左拳外旋拳心向上收抱于腰间。目视左拳。（图 2–29）

要点：做弓步连三拳时步型不变，击拳动作要快速有力，劲由腰发，力贯拳面。

图 2–28

图 2–29

十三、马步右冲拳

1. 左脚向后退一步踏实，右腿屈膝前弓呈右弓步。同时，右拳收抱于腰间；左拳变立掌从后向前抡拳，高与肩平。目视前方。（图 2–30）

2. 身体向左转约 90 度，两腿屈膝半蹲呈侧马步。同时左掌变拳收抱于腰间；右拳从腰间向右侧方用力冲出，拳眼向上，力达拳面。目视右拳。（图 2–31）

图 2–30

图 2–31

十四、马步左冲拳

1. 身体向左转体 90 度，左腿屈膝前弓，右腿挺膝蹬直呈左弓步。同时右拳变掌，随体转向左侧平摆击出。（图 2–32）

2. 上动不停，身体右转 90 度，两腿屈膝半蹲呈马步。同时右手握拳收于胸前，左手立拳向左侧直臂冲击。目视左拳。（图 2–33）

图 2-32

图 2-33

十五、上步右冲拳

1. 身体微向右转，重心移至右腿，左腿蹬直呈右弓步。同时左手变掌向上、向右侧画弧，停于右侧上方。（图 2-34）

2. 上动不停，身体左转，右腿全蹲，左腿平仆伸直，脚尖内扣呈左仆步。同时左手随体转下按于左脚前，右手下落于腹前。眼随左手而视。（图 2-35）

图 2-34

图 2-35

3. 上动不停，两腿起立，右脚向左脚前上一步，身体左转，两腿屈膝半蹲呈马步。同时右拳直臂向右侧冲击，拳眼朝上；左臂屈肘，左手上架于头部上方。目视右拳。（图 2–36）

图 2–36

十六、抡臂仆步盖打

1. 身体微左转，右腿蹬直，左腿微屈呈左弓步。同时右手内旋下落向左侧前击，左拳随体收抱于腰间。（图 2–37）

2. 上动不停，身体向右转，两腿变成右弓步。同时右拳随体转向上、再向右后抡打；左拳从左侧向上、再向右抡打，高与肩平，拳眼朝上。（图 2–38）

图 2–37

图 2–38

3. 上动不停，右拳从后向上、再向前下抡劈，拳眼朝上，力达拳轮；左拳从前向下、再向后侧抡起，拳眼向上。同时左腿屈膝全蹲，右腿直腿平仆呈仆步。目视右拳。（图 2–39）

图 2–39

要点：抡臂要快，连贯完成，中间不得停顿；两臂抡成立圆，上身要和抡臂协调配合，抡臂时要挺胸抬头；做仆步时左腿要全蹲下去，右腿平仆要伸直，不可抬脚跟、撅臀。

十七、马步架冲拳

右脚尖外摆，左脚蹬地、上步，两腿屈膝呈马步。同时，左拳经腰间向前冲击，拳眼向上，力达拳面；右臂内旋、屈肘，右拳上架于头部上方。目视左拳。（图 2–40）

图 2–40

十八、提膝压掌

左脚内扣，身体向右转约 90 度，右腿尽量屈膝上提，脚尖绷直。左拳变掌经头上方下按至右小腿前；右拳收抱于腰间。目视前方。（图 2-41）

要点：提膝要高，单脚独立要稳，上身可略向前倾。

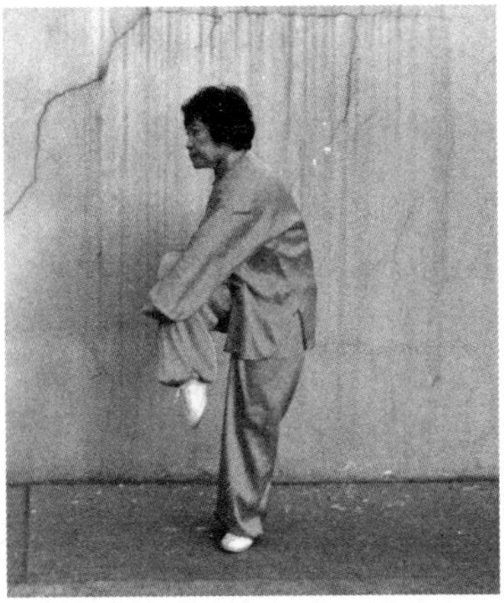

图 2-41

十九、马步架打

右脚前落、内扣，两腿屈蹲呈马步。同时右拳向右侧冲出，拳眼向上，力达拳面；左臂屈肘，左掌上架于头上方。目视右拳。（图 2-42）

图 2-42

二十、转身弓步劈打

1. 两腿站立，左手变拳，两臂在身前交叉，左手在下，右手在上。（图 2-43）

2. 上动不停，左腿屈膝上提，右腿独立，以脚掌为轴向左后旋转 180 度。

同时左拳上架于头部上方，右拳收至胸前。（图 2–44）

图 2–43

图 2–44

3. 上动不停，左脚落地踏实，左腿屈膝前弓；右腿蹬直呈左弓步。同时右臂外旋，拳心翻转向上，用力向左下方劈砸，力达拳臂；左拳下落收抱于腰间。目视右拳。（图 2–45）

要点：注意转身要保持平衡，左脚落地要稳，右臂劈砸时要刚劲有力。

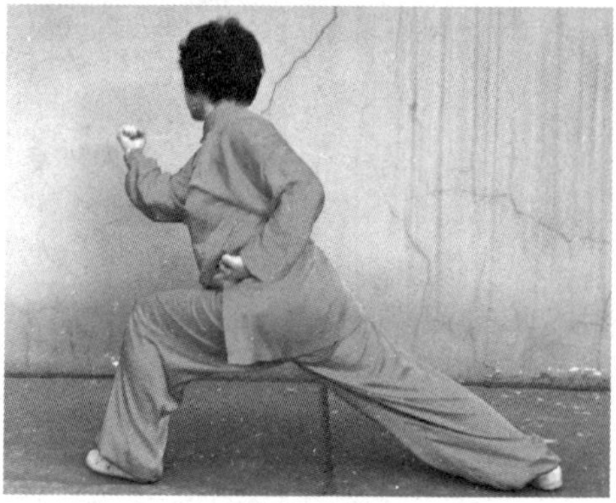

图 2–45

二十一、弓步格臂

重心右移，左腿挺膝蹬直，右腿屈膝前弓呈右弓步。同时右臂内旋，拳心翻转向外，屈臂向右肩前外拨。（图 2–46）

图 2–46

二十二、弓步左右冲拳

1. 接上势，右臂外旋，握拳收于腰间，左拳用力向前冲击。目视左拳。（图 2–47、图 2–47 反面）

图 2–47

图 2–47 反面

2. 上动不停，重心移至左脚呈左弓步。同时左拳收回腰间，拳心朝上；右拳快速向前冲击，拳心向下，力达拳面。目视右拳。（图 2–48）

图 2–48

二十三、腕花仆步下切掌

1. 左脚直立，右腿屈膝提起，脚尖绷直。同时两拳变掌在身前舞个小腕花，左手在上，手心朝下；右手在下，手心朝上。（图 2-49）

2. 上动不停，左腿屈膝，右腿伸直平仆，呈左仆步。同时左手变拳收抱于腰间，右手向前下方切击。目视右手。（图 2-50）

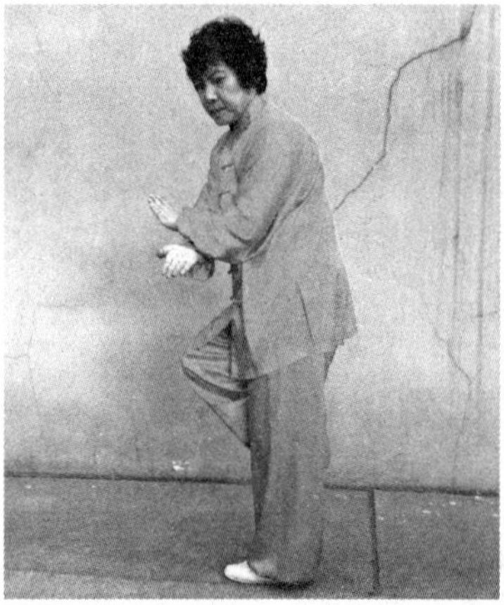

图 2-49

图 2-50

二十四、弓步双推掌

右腿挺膝蹬直，左腿屈膝前弓呈左弓步。同时两手变掌经腰部向前立掌推出，力贯掌外沿，掌高与口平。目视两掌。（图 2-51）

要点：弓步与推掌要同时完成，击掌要有力。注意挺胸，抬头，塌腰，落臀。

图 2-51

二十五、马步双撑掌

图 2–52

右脚上步与左脚平行，两腿半蹲呈马步。同时两手先向外展开，然后以小臂为轴向内画弧，使两掌心向外撑开。目视右侧。（图 2–52）

要点：两臂同时向外撑开，肘关节微屈，掌心和小臂要用力外撑，同时上身要正，挺腰提腹，头顶项直。

二十六、弓步甩掌

图 2–53

身体微右转，重心右移，右腿屈膝前弓，左腿蹬直呈右弓步。同时左掌变拳收抱于腰间；右臂外旋，使掌心向上，向右侧上方甩出，力达手背。目视右手。（图 2–53）

二十七、仰身双勾手

1. 接上动，两腿不动。左臂仰掌前伸与右掌交叉，左上右下。目视两手。（图 2–54）

2. 上动不停，右脚向后撤一步，重心后移至右腿，膝部微屈；左腿微屈，脚尖轻点地面，脚跟提起。同时两臂内旋由下向外再向上画弧至身后变双勾手。（图 2–55）

图 2–54

图 2–55

要点：退步与双手画弧双勾须协调和顺，仰身不可太过，重心保持稳定。

二十八、转身跟步顶腕

1. 左脚尽量内扣，身体向右后转身约 180 度，左腿微屈踏实，右腿微收屈膝，脚尖点地，脚跟提起呈虚步。同时两勾手变掌向腹前合拢。（图 2–56）

2. 上动不停，右脚向前出步踏实，屈膝前弓；左腿微跟，膝部微屈。同时两手再变成勾手，屈腕向前顶击。目视前方。（图 2–57）

图 2–56

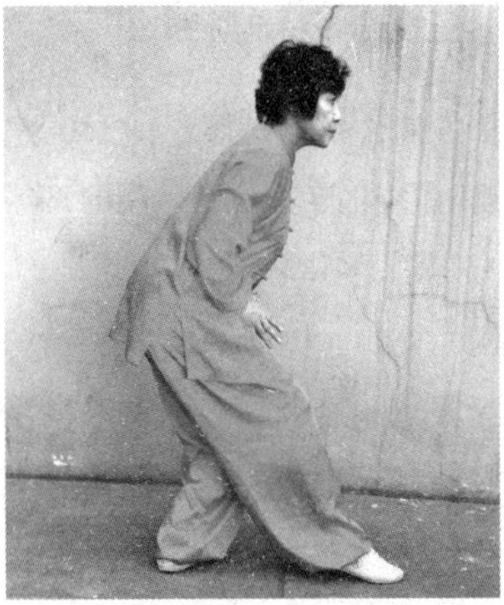

图 2–57

要点：向后转身要敏捷，收腹与两手合拢要同时完成。弓步顶腕与跟步要同时，不可有先后之分。

二十九、马步双撑掌

1. 身体右转 90 度，两腿微屈。同时两勾手变掌向两侧分开。（图 2–58）

2. 上动不停，两腿屈膝半蹲呈马步，同时两臂内旋由外向内画弧，臂微屈向外撑，掌心朝外，置于两膝上方，劲贯两臂。目视右侧。（图 2–59）

图 2–58

图 2–59

三十、马步顶肘

左脚外摆，身体左转 180 度，上右步，两腿屈膝半蹲呈马步。同时两手握拳，两臂屈肘随身体左转向前击肘，力达肘尖，目视右侧。（图 2-60）

要点： 两臂屈肘时拳心向下，小臂和大臂要尽量靠近夹紧。肘击和马步要同时完成，腰背发力，力达肘尖。

图 2-60

三十一、马步撅臂

1. 左腿起立，右腿屈膝向上，脚尖下垂。同时两拳变掌，两臂左下右上前伸，掌心朝下。目视前方。（图 2-61）

2. 上动不停，右脚向后落地踏实，两腿屈膝半蹲呈半马步，右脚尽量内扣，左脚微扣。同时左手向上、右手向下在身前相合呈抱掌式。目视前方。（图 2-62）

图 2-61

图 2-62

要点：两手上下相合要有撑劲，要与马步同时完成。

三十二、弓步插掌、冲拳

1. 左掌变刁勾手，从内向外勾挂停于左肩前。同时右腿挺膝蹬直呈左弓步。右手立掌向前上直穿插，力达指尖。（图 2–63、图 2–64）

2. 上动不停，两脚不动。右掌变拳收回胸前，再向前冲击，力达拳面。（图 2–65）

图 2–63

图 2–64

图 2–65

三十三、提膝抽掌

左腿起立，膝部微屈；右腿屈膝前提，膝高过腰，脚尖绷直。同时右拳变掌，掌心朝上回抽于腰前，左手变掌，掌心朝上顺势前伸。（图 2–66）

图 2–66

三十四、马步砍掌

上动不停，右脚下落踏实，两腿屈膝半蹲呈马步。同时两手向左右分开，然后右手臂由下向外再向上向左画弧，至掌心向下时，屈腕、屈肘，掌心向下从左向右平抹；左手掌心向上放在右肘下。目视右手。（图 2–67）

图 2–67

三十五、转身提膝按掌

接上动，上体微左转，右腿独立，左腿屈膝提起，脚尖下垂。同时两掌手心朝下向左腿两侧下按。目视左侧。（图 2–68）

图 2–68

三十六、弓步连四拳

1. 左脚向左侧落地踏实，左腿屈膝前弓，右腿挺膝蹬直。同时左掌变拳向左侧冲出，拳眼向上，力达拳面；右拳收抱于腰侧，拳心朝上。目视左前方。（图 2–69）

2. 上动不停，两腿不动。左拳快速收回腰间，拳心向上；同时右拳快速前冲，拳眼向上，力达拳面。目视右拳。（图 2–70）

图 2–69

图 2–70

3. 上动不停，右腿前提，以脚面贴靠在左腿膝盖后面。同时右拳收回抱拳于腰间，拳心朝上；左拳快速前冲，拳眼向上，力达拳面。目视左拳。（图 2–71）

4. 上动不停，右腿前落屈膝，左腿挺膝蹬直呈弓步。同时左拳回收于腰侧，拳心朝上；右拳快速前冲，拳眼向上，力达拳面。目视右拳。（图 2–72）

图 2–71

图 2–72

要点：转身与提膝按掌要快，干净利落。上步左右连续冲拳共四下，要求拳、步协调和顺，快速有力，中间不要停顿，眼随手移，步随身动。

三十七、左右弓步冲拳

1. 身体微向左转，两腿微屈，右臂外旋使拳心向上，右肘微屈向身前晃动。（图 2–73）

2. 上动不停，两腿恢复原位呈右弓步。同时右拳收回腰间，拳心向上；左拳在右手回收的同时，经右拳上方快速向前冲击，拳心朝下，力达拳面。目视左拳。（图 2–74）

3. 上动不停，左腿屈膝前弓，右腿蹬直呈左弓步。同时左拳收回腰间，拳心向上；右拳在左拳回收的同时，经左拳上方快速向前冲击，拳心朝下，力达拳面。目视右拳。（图 2–75）

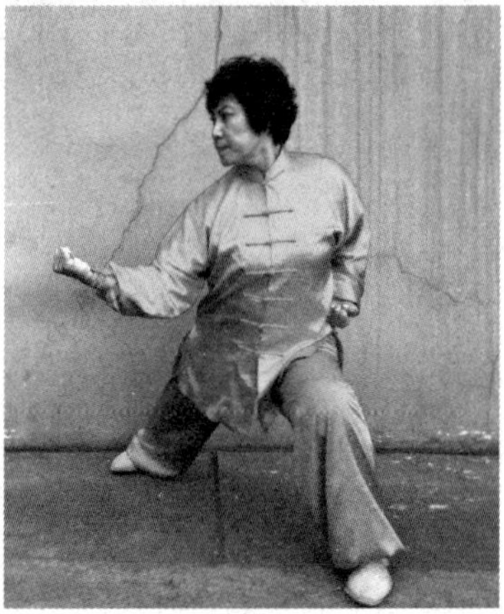

图 2–73

图 2–74

图 2–75

要点：弓步左右冲拳要快速有力。扭腰送肩冲拳时，臂内旋使拳心朝下，同时前冲之拳须经后收之拳心上面向前击出，两拳同时收放，击拳要有寸劲。

三十八、丁步提手

右脚收到左脚内侧，脚尖虚点地面，左腿微屈，呈丁虚步。同时右拳变掌，指微屈，屈肘上提至右肩前。目视前方。（图 2–76）

图 2–76

三十九、马步下切掌

右脚向前进一大步，左脚跟进，两腿屈膝下蹲呈马步。同时右手变横立掌向前下切击，力达掌外沿。目视右掌。（图 2–77）

要点：右腿前落时跨一大步，左腿同时跟进，两腿半蹲拖拉些许，以显劲道。右掌下切必须有力，要有切劲，手脚同时完成。

图 2–77

四十、虚步双分掌

1. 左脚不动，右脚向左脚后移半步。同时两臂在身前十字交叉，左上右下，手心朝下。（图 2–78）

2. 上动不停，重心后移，右腿屈膝略蹲，左腿微屈脚尖点地，两腿呈左虚步。同时两臂外旋，肘微屈向两侧分开，掌心向上。目视前方。（图 2–79）

图 2–78

图 2–79

要点：两小臂向外分掌时，大臂基本不动，两大臂靠紧两肋，两小臂向外要有拨劲。

四十一、进步双切掌

左脚前移踏实，膝微屈，右脚随即跟步，右腿屈膝微蹲。同时，两掌向前下方插击，力贯两掌外沿。目视前方。（图 2–80）

图 2–80

四十二、跟步双扑掌

1. 接上动，左脚不动，右脚跟进，脚尖着地，停于左脚内侧，两腿屈膝微蹲呈右丁虚步。同时两臂内旋，两掌心下按，两肘收于肋旁。目视前方。（图 2–81）

2. 上动略停，右脚向前迈出一步，屈膝微弓；左脚跟步，踏实，膝关节微屈。同时两掌向前扑出，掌心向前，两臂微屈。目视前方。（图 2–82）

图 2–81

图 2–82

四十三、擒腕双冲拳

1. 两脚不动，左手虚握住右手腕上，然后右手从里向外画弧虚握拳做刁捉手状。（图 2–83）

2. 上动不停，两脚不动。右拳收回腰间，拳心朝上；同时左手握拳快速向前冲击，拳眼向上，力达拳面，目视前方。两脚不动。右拳收回腰间，拳心朝上；同时左手握拳快速向前冲击，拳眼向上，力达拳面。目视前方。（图 2–84）

图 2–83

图 2–84

四十四、转身扣腿双冲拳

1. 上动不停，两脚仍不动。左拳收回腰间，拳心朝上。同时右拳快速向前冲击，拳眼向上，力达拳面。目视前方。（图 2–85）

2. 上动不停，身体左转约 90 度，左脚外摆，左腿屈膝前弓，右脚内扣，膝关节挺直呈左弓步。同时，右拳收回腰间，拳心朝上；左手握拳快速向前冲击，拳眼向上，力达拳面。目视前方。（图 2–86）

3. 上动不停，左脚独立；右腿屈膝提起，脚面绷直贴靠于左膝关节后。同时，左拳收回腰间，拳心朝上；右手握拳快速向前冲击，拳眼向上，力达拳面。

目视前方。（图 2-87）

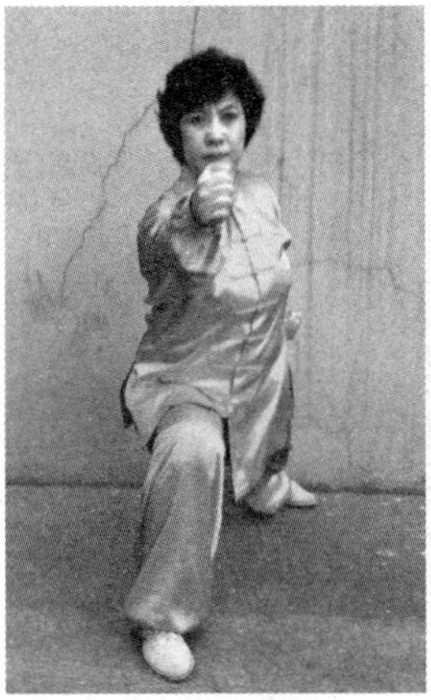

图 2-85

图 2-86

图 2-87

四十五、腕花仆步下切掌

1. 接上动，两脚不动，两拳变掌在身前十字交叉，右上左下，然后两手以肘为轴，向上再向下画弧舞一个腕花，使之呈右手在下、左手在上的十字交叉状。此时右掌心向上，左掌心向下。目视双手。（图 2-88）

图 2-88

2. 上动不停，右脚向后落地，右腿屈膝全蹲下去；左脚内扣，左腿平仆呈左仆步。同时，右掌变拳收回腰间，拳心朝上，左掌向前下切击，掌心向下，力达掌外侧。目视左掌。（图 2–89）

图 2–89

四十六、弓步冲拳

右脚蹬地，右腿挺膝伸直；左腿屈膝前弓呈左弓步。同时，左手握拳收抱于腰间；右拳内旋向前冲击，拳心向下，力达拳面。目视右拳。（图 2–90）

图 2–90

四十七、虚步抱拳

1. 身体起立，左拳变掌前穿，右拳变掌手心翻转向上，左掌在上，右掌在下。（图 2–91）

2. 上动不停，身体右转约 90 度，两腿重心右移呈右弓步。同时，右掌向右后伸展，掌心向上。目视右掌。（图 2–92）

图 2–91

图 2–92

3. 上动不停，身体左转复原，重心移至右腿，膝微屈，左脚跟提起，脚尖点地呈左虚步。同时，右手变拳向前平移至身前与左掌相合呈抱拳式。（图 2–93）

图 2–93

四十八、并步按掌

1. 左脚略向前移、踏实，膝微屈，呈左弓步。同时两臂外旋，两手变仰掌前伸，臂伸直使掌心向上。目视前方。（图 2–94）

2. 上动不停，右脚向左脚并步靠拢。同时两臂经身前向两侧弧形摆动上举。（图 2–95、 图 2–96）

图 2–94

图 2–95

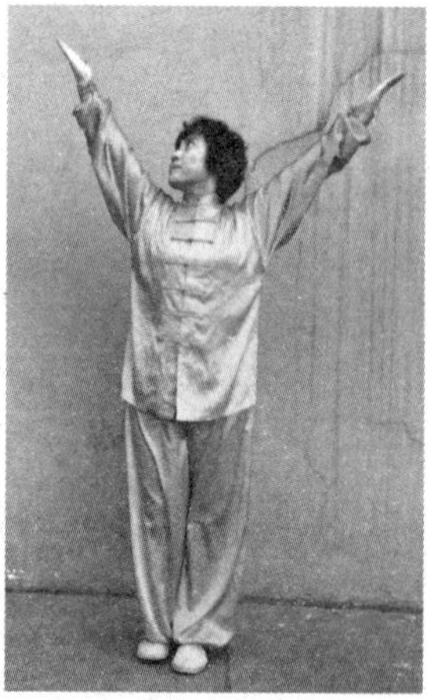

图 2–96

3. 上动不停，两掌继续经体侧向上经体前下落，掌心下按。目视左前方。（图 2–97）

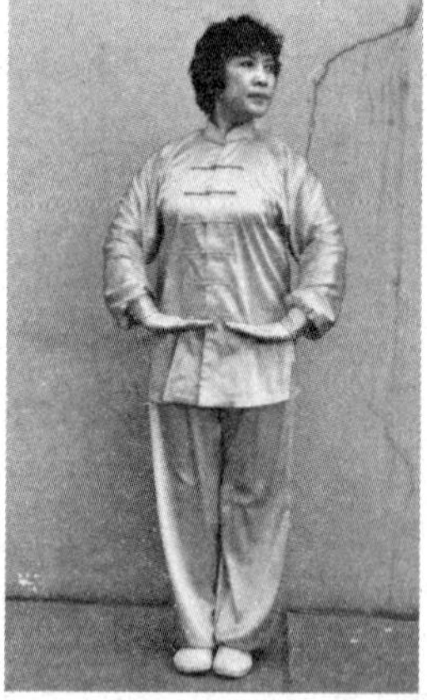

图 2–97

四十九、立正收势

两脚立正站稳，两掌下垂于体侧，做到头正、项直、挺胸、塌腰。两眼向前平视。（图 2–98）

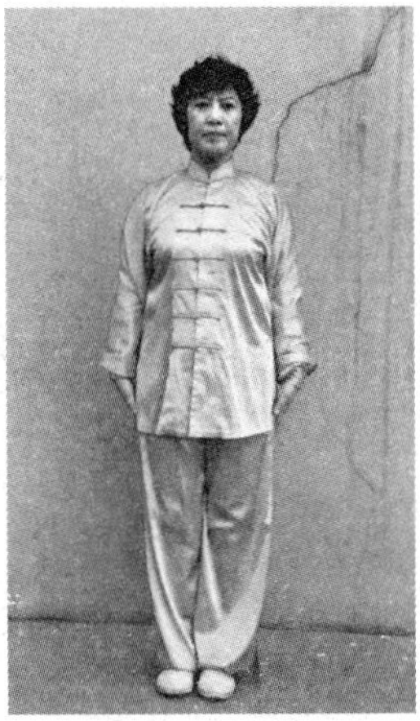

图 2–98

第三章　二路散手拳

散手拳是将武术的踢、打、摔、拿等攻防技击动作有机地组合在一起，形成一个独特的综合套路形式。它的主要特点有以下几点。

1. 体用兼备。该套路既可单独练习其中的某一动作或动作组合，也可连贯起来进行整套练习，每一动或每一组合都有技击攻防含义，故既可锻炼身体，又可实战应用，是不可多得的技击套路之一。

2. 内容充实。该拳是中国形意拳大家张希贵老师（武术九段）经过数十年的训练、实践，将多种流派武术技击的精彩动作，整理、组合创编而成，国内绝无仅有，内容包含了少林拳、长拳、短拳、通臂拳、翻子拳、螳螂拳、形意拳、南拳等拳种的技击动作，堪称散手招法之集锦。由于内容丰富，内含踢、打、摔、拿等技法，拳腿并用，长短适中，故适合习练者参加表演和比赛。

3. 风格独特。由于该套路集诸家之长于一体，故演练时既有长拳类型拳种的大开大合、起伏转折、舒展大方的特点，又有传统短打套路动作迅猛、刚劲有力、势如破竹、别具一格的气势。

4. 本套路拳、脚并用，尤以各种腿法突出，有弹、踢、蹬、踹、戳、扫、摆、挂等击打腿法。这套拳招招实用、势势精粹，集诸家之长，是一套非常实用的拳法。

本拳练习要求如下：

1. 学练这套拳法，最好有一定的武术基础，腰腿的柔韧性、基本功要好，才能较好地掌握动作。

2. 练习时要求劲力充足，用力顺达，动作脆快，手眼身法步协调配合，忌速度缓慢、软弱无力。

3. 姿势力求正确。要理解动作的应用方法和动作要领，有的放矢，一拳一腿，动作到位，用法清楚，干净利落。

4. 练习时要聚精会神，一丝不苟，犹如临场实战一般，无人似有人。

5. 呼吸要自然、顺达，不可努气或使用拙力。

第一节　动作名称

第一段

预备势

一、起势

（一）并步按掌

（二）轮臂抱拳

二、马步上举

三、叉步按掌

四、马步顶腕

五、弓步双冲拳

六、刁手里合腿

七、勾手侧踹腿

八、戳脚上冲拳

九、贯打撑磨腿

十、左戳脚冲拳

十一、左贯打撑磨腿

十二、左弓步冲拳

十三、丁步切掌

十四、上步贯拳

十五、转体旋摆腿

十六、马步格挡

第二段

十七、虚步探打

十八、刁手挫臂

十九、右采手撅臂

二十、上钻下栽拳

二十一、点腿冲拳

二十二、挎打冲拳

二十三、插步撩拳

二十四、右弓步盖打

二十五、右刁手砸拳

二十六、左右连环冲拳

二十七、戳脚上冲拳

二十八、插步顶肘冲拳

第三段

二十九、弓步挑打冲拳

三十、提膝托掌

三十一、侧身蹬踹

三十二、左横踢

三十三、右旋踢

三十四、插步撑磨腿

三十五、击步前后扫蹚腿

三十六、仆步抡劈拳（乌龙盘打）

三十七、扣腿冲拳

第四段

三十八、马步顶肘

三十九、跪步贯打

四十、虚步裹肘

四十一、插步反撩掌

四十二、提膝扣打

四十三、马步架托掌
四十四、冲拳弹踢
四十五、盖跳步勾手
四十六、虚步双格手
四十七、抡臂塌掌
四十八、进步滚挤
四十九、戳踢下砸拳
五十、弓步左冲拳
五十一、弹踢砸拳
五十二、采手圈捶
五十三、迎面连环拳
五十四、插步分掌
五十五、刁手里合腿
五十六、仆步下切掌
五十七、弓步冲拳
五十八、虚步抱拳
五十九、并步按掌
六 十、立正收势

第二节　动作图解

第一段

预备势

两腿并步直立，两手自然下垂呈立正姿势，两眼向前平视，做到头正、项直、收下颌、心静、体松。（图 3–1）

图 3–1

一、起势

（一）并步按掌

1. 两臂侧平举，手心向下，指微上翘。目视左手。（图 3–2）

2. 动作不停，两臂直掌上举。（图 3–3）

3. 两臂屈肘，手心向下，两手从身前下按到腹前，手指相对。目随左手而视。（图 3–4）

图 3–2

图 3–3

图 3–4

（二）抡臂抱拳

1. 两小臂交叉，右上左下，手心向内。目视左方。（图 3–5）

2. 右手从下向左向上向右直臂弧形绕环，至右侧平举；同时，左手向下向左向上至左侧平举。目随右手而视。（图 3–6）

图 3–5

图 3–6

3. 左臂不动，右手从右向左平移，至左侧时，右掌变拳，右臂内旋，使掌心斜向外；此时左手立掌，掌指斜向上，四指并拢，置于右拳背处，身体随右臂微向左转。目视两手。（图 3–7）

4. 两臂同时屈肘回收于胸前，手型不变，从胸前向前推出，两肘微屈，两手呈抱拳状。目视前方。（图 3–8）

图 3–7

图 3–8

二、马步上举

1. 两臂外旋，两手变掌，手心翻转向上。（图 3–9）

2. 动作略停，左脚向身后撤一步，两手从上向下甩，手心向上。目视前方。（图 3–10）

3. 右脚向后方撤一大步，左脚再向后撤约半步，屈膝半蹲呈马步。同时两臂再从下向上，直臂上举，掌心相对。目视左手。（图 3–11）

图 3–9

图 3–10

图 3–11

要点：两脚撤步要快，两臂下甩和上举要与步法配合一致，同时完成动作；马步两脚之距约为本人的三个脚宽，大腿尽量蹲平，脚尖向前，身体保持正直，不可俯仰或凸臀。

三、叉步按掌

1. 两腿起立，左腿伸直，右腿微屈。同时两掌掌指相对，掌心向下。目视两掌。（图 3–12）

2. 动作不停，两腿挺膝伸直，两脚跟向外撑劲。同时两掌发力向下切按。（图 3–13）

图 3–12

图 3–13

要点：两掌向下运行时要贴近胸腹下切，发力要猛，有爆发力，并要与两腿的外撑配合一致。

四、马步顶腕

1. 两臂外旋外展于体侧，两掌心斜向前，上体略向前倾。（图 3–14）

2. 动作不停，上体前倾约 30 度，两脚擦地略向内收，收腹含胸。同时两臂内旋，两掌向腹前收拢。（图 3–15）

3. 动作不停，两脚向前移约一脚之距，两脚屈膝半蹲呈马步。同时两手屈腕勾手，向前快速顶出。目视前方（图 3–16）

图 3–14

图 3–15

图 3–16

用法：假设对方向我下腹击来，我迅速收腹避其锋芒，并用双手抓掳其臂，复以勾拳猛击其面或胸腹。

五、弓步双冲拳

1. 身体向右后转体，右脚不动，左腿蹬直。同时两勾手变掌，随体转向右后方抓掳。目视右掌。（图 3–17）

图 3–17

2. 上动不停，身体回转，两腿仍半蹲呈马步。两掌握拳，经腰侧同时向前冲出，拳轮向下，力达拳面，然后迅速收抱于腰间。目视前方。（图 3–18、图 3–19）

图 3–18

图 3–19

3. 上体左转约 90 度，右腿挺膝蹬直，左脚外展 45 度，屈膝前弓呈左弓步。同时两拳随上体左转向左右立拳冲出，拳高与肩平。目视右拳。（图 3–20）

要点： 做弓步时左大腿要接近水平，右膝挺直，脚尖尽量内扣，脚跟不要抬起。身体要保持头正、项直、挺胸、塌腰、落臀，冲拳要有力度。

图 3–20

六、刁手里合腿

1. 两腿起立，重心右移，然后左脚向左前方上一步，脚尖外摆。同时右拳收抱于右腰侧，拳心向上；左拳经身体左侧变掌，边内旋边向前上方刁拿。（图 3–21 ）

2. 动作略停，重心前移至左腿，然后右腿从右向左直腿高抬扇形里合挂踢。脚踢至面前时，用左掌心击拍脚背掌，发出声响。（图 3–22 ）

3 动作不停，随惯性身体左转 180 度，右脚落于左脚内侧，两腿均屈膝半蹲。同时两掌在胸前十字交叉，右手在外，左手在内。目视左侧。（图 3–23 ）

图 3–21

图 3–22

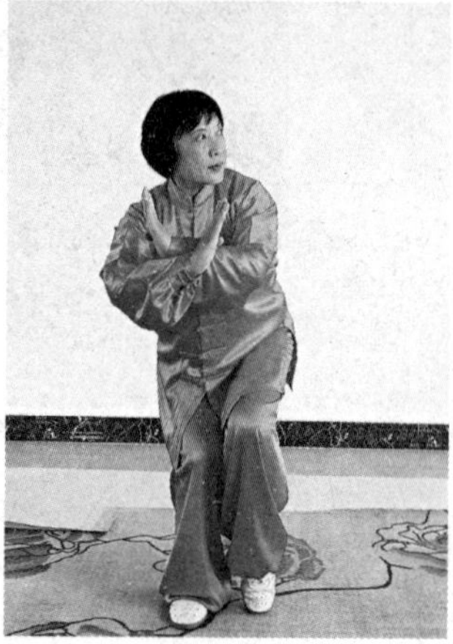

图 3–23

要点：里合腿摆动要快，弧度要大，呈扇形，脚高于头面部，支撑腿和上踢腿尽量不要弯曲；击拍要准确、响亮。

用法：用左手刁拿或格挡对方击来之拳臂，然后用里合腿攻击其头部。

七、勾手侧踹腿

右腿起立，膝部微屈；左腿抬起向左侧上方横踹，脚尖勾起，力达脚掌。同时左掌从身前向身后屈腕勾手，右掌在头右侧上方亮掌。目视左方。（图 3–24）

图 3–24

八、戳脚上冲拳

左脚向身前落地站稳，膝微屈，重心移至左脚；随即右脚尖上翘，从身后向前下方戳踢，脚高不过膝。同时右手变拳，经体侧向前上方冲出，拳眼向上，力达拳面，拳高与口平；左掌置于右肘内侧。目视右拳。（图 25）

要点：戳踢与冲拳要同时完成，戳踢要狠，冲拳要猛，重心落于左腿，身体略向后仰。

用法：此招是用拳、脚同时上下进攻对方面部和小腿胫骨部位。

图 3–25

九、贯打撑磨腿

1. 右拳收回至腰侧，同时左掌从右臂上向前推，掌心斜向下。（图 3–26）

2. 动作不停，右拳从左掌背上向前上冲出，拳眼向上；左臂屈肘，左掌收回置于右肘下方，掌心向下。（图 3–27）

3. 动作略停，左脚向右腿后方插步，右拳臂屈肘收回至腰侧，同时左掌从右臂下向前刁掳，目视前方。（图 3–28）

图 3–26

图 3–27

图 3–28

4. 动作不停，左手握拳，收于左腰侧；右拳从右侧弧形向前上贯打，力达拳面。同时，右腿向右后方贴地撑磨（扫绊），左腿屈膝前弓呈左横裆步。（图 3–29）

图 3–29

要点：以上 4 个动作过程要连贯进行，中间不要有明显停顿。

用法：假设对方向我正面进攻，我则以左手格挡，右掌击其面部。若对方抓握或格挡我右腕时，我则以左手从右臂下向前采其腕，同时，左腿向身后倒插步，速以右腿扫击对方之腿脚。一经扫中，对方势必在我上下夹攻中扑跌于地面。

十、左戳脚冲拳

右脚向身前跨半步，重心移至右腿；然后左脚提起，脚尖上翘，从右腿后方向前踢出，高不过膝，力达脚掌。同时，左拳从腰间向前上方冲出，拳眼向上，力达拳面；右拳变掌置于左肘内侧。（图 3–30）

图 3–30

十一、左贯打撑磨腿

1. 左拳收回至左腰侧，同时右掌从左拳臂上向前下方推压。然后左拳从右拳背上向前冲出，拳眼向上，高与鼻平；右臂屈肘，右拳至左肘下方，拳心向下。目视左拳。（图 3–31）

2. 动作不停，身微右转，左脚向前踏实。左拳收于左腰侧，同时右拳从左臂下向前掳采。目视前方。（图 3–32）

图 3–31

图 3–32

4. 上动不停，右手收抱于右腰侧，左拳从左侧弧形向前击出，拳心向下，力达拳面。同时左腿向左后方贴地撑磨（扫腿），右腿屈膝半蹲呈右横裆步。（图 3–33）

图 3–33

十二、左弓步冲拳

1. 身体重心移至左腿，屈膝半蹲；右腿挺膝伸直，呈左弓步。同时，左拳收于左腰侧，右拳向正前方冲出，高与肩平，拳心向下。目视右拳。（图 3–34）

2. 动作略停，右拳收回于右腰侧；同时左拳快速前冲，拳面冲下，高与肩平。目视左拳。（图 3–35）

图 3–34

图 3–35

要点：冲拳要快速有力，弓步上身要正，不可俯仰歪斜。

十三、丁步切掌

左脚收至右脚旁，前脚掌着地，两腿屈膝半蹲，重心落于右腿，呈左丁字步。同时，左拳变掌向左膝下切按。目视左侧。（图 3–36）

要点：呈丁字步时动作要快，左掌下切要与丁字步同时完成，上体要正，防止前倾或撅臀。

图 3–36

十四、上步贯拳

1. 左脚向右前方上一步，脚尖外摆。同时左手经腰部向前弧形搂采。目视左掌。（图 3–37）

2. 右脚向左脚前上一步，脚尖里扣。同时左手抱拳收于左腰侧；右拳随上步的同时向前侧方横击，拳心向下，力达拳面。（图 3–38）

图 3–37

图 3–38

用法：左手前采对方手臂，并向怀中挒采。同时右拳横击对方之头面部。

十五、转体旋摆腿

上身前俯，并向左转身180度，同时左腿随转体从左向后直腿旋转摆踢。（图3–39）

要点：俯身、旋转、摆腿动作要协调，速度要快。上身前俯不可过低，摆动腿力点在小腿和脚跟部位，摆动不可过度，以防失去重心。

用法：假设对方在我身前站立，我先以右贯拳横击其面部，当对方向后躲闪之时，我趁势转身以横摆腿扫击其上体。

图3–39

十六、马步格挡

接上动，身体继续左转，同时左腿迅速向身后收回落地，两腿屈膝半蹲呈半马步。同时两手变掌，左后右前呈格挡防守姿势。（图3–40）

图3–40

第二段

十七、虚步探打

1. 右脚不动，左脚向前上一步，脚尖里扣，同时向右后转体约 180 度，右臂随转身屈肘向上，眼向后看。（图 3–41）

2. 动作不停，左脚尽量里扣，并以脚掌为轴，向右转体，两腿屈膝半蹲，右脚尖点地呈右高虚步。同时右臂屈肘随转体前移；左臂屈肘，拳心向下，抬于左耳旁。（图 3–42）

3. 动作不停，右脚回收半步，两腿半蹲呈右虚步。同时左拳经肩上耳旁向前探击，力达拳面；右拳收抱于右腰侧。目视前方。（图 3–43）

图 3–41

图 3–42

图 3–43

要点：上步转身、虚步探击要连贯，一气呵成。转身时要送胯、扭腰。探拳前击时身体要含胸收腹。

用法：假设背后有对手之拳击来，我迅速上步转身，边闪边用右肘格挡，并用右拳背击其手臂，同时以左拳击其面部。

十八、刁手挫臂

1. 右脚向右前方跨一小步，然后左脚向前方上一大步，脚尖外摆。同时左拳变掌向下、向右、再向上弧形移动，至身前臂微屈，掌心向外做抓握状。目视左手。（图 3–44）

2. 右脚上一步，两腿屈膝半蹲呈半马步，脚尖向前。同时左手握拳外旋置于左胸前；右臂屈肘，臂外旋从身后向前格挫，小臂直立，拳面向上，拳心向后，高与鼻齐。目视右拳。（图 3–45）

图 3–44

图 3–45

要点： 马步与刁手格挫动作要一起完成，两臂要有合力，身正步稳。

用法： 先用左手刁握对方击来臂腕，然后上步用右小臂挫击其臂，使其肩、肘关节受挫。

十九、右采手撅臂

1. 两腿起立，右脚向左前方上一步，脚尖外摆。同时右拳变掌，从右向左，向前弧形移动，至身前臂微屈，掌心向外，做抓握状，高与肩平。目视右手。（图 3–46）

2. 左脚向左上一步，身体右转，两腿屈膝半蹲呈半马步。同时，两手变掌，

左掌向前上方击出，右手回收下按至左肘处，两手上下形成合劲。（图 3–47、图 3–47 反面）

图 3–46

图 3–47

图 3–47 反面

用法：用右手抓住对方击来之手腕部，然后用左手抓住其大臂，两手合力向右掳，或两手反捌其臂，使其肘关节受伤。

二十、上钻下栽拳

1. 身体向左微转，右腿蹬直呈左弓步。两手变拳，左拳内旋向身前下按，拳心朝下；右臂外旋，右拳向前下栽拳，高于小腹。（图 3–48）

图 3–48

2. 动作不停，左腿稍起，右脚向前移半步。同时右拳收回腰部，再向上钻击，拳面向上，拳心向后，力达拳面；左拳在右拳收回上钻的同时，从右小臂上绕一小圈，再停于原处。目视右拳。（图 3–49）

3. 动作不停，右脚上前一步踏实，左脚跟提起，脚前掌点地。同时右拳收回腹部再上钻一拳；左拳在右拳上钻的同时，从右小臂上绕一小圈，再停于原处。目视右拳。（图 3–50）

4. 动作略停，上体微向右转，右臂向下抽，拳至腰腹部；同时左臂从右臂外侧屈肘外旋，向上、向左挎，然后屈肘停于左肩前。左脚向前上一大步，屈膝半蹲呈左弓步，身体微向左扭，左膝微向右扭，右腿挺膝蹬直。右拳向前下栽拳击出，拳眼向上，拳高于腹部。（图 3–51）

图 3–49

图 3–50

图 3–51

要点：以上为一组组合动作，下栽拳与上钻拳要连贯、快速完成。

用法：钻拳与栽拳分别攻击对方面部和下腹部。如对方抓或格挡我的右钻拳，我则用左臂挑开其抓、格之手，并向右转身抽出右臂，侧身斜进，以左脚封住对方右脚，左膝向右扭，顶住其右膝，使对方腿不能退避，再速用右掌或拳击其腰腹部。

二十一、点腿冲拳

1. 左脚向后撤一步，两腿屈膝半蹲呈歇步。同时右拳变掌向上挑，掌心向外；左拳变掌从身前向下直插，掌心向外。目视前方。（图 3–52、图 3–52 反面）

2. 动作不停，身体起立，左脚向前上一步。（图 3–53）

图 3–52

图 3–52 反面

图 3–53

3. 动作不停，左脚支撑站稳，右脚从身后抬起，用力向前上方点踢，脚高于头部，上体向后仰约 30 度。同时右掌变立拳直臂前冲，左掌前挑置于右肩。目视前方。（图 3–54）

图 3–54

4. 动作不停，身体左转，右腿屈膝提于左腿旁，脚尖向下。同时右掌变拳抱于腰间，左掌停于右肩前。目视后方。（图 3–55）

5. 动作不停，右脚向前落地，屈膝半蹲呈右弓步，同时右拳向前冲出，拳眼向上，力达拳面，左掌置于右肩旁。目视右拳。（图 3–56）

图 3–55

图 3–56

要点：歇步要低，踢腿要高要快，尽量向远处踢。弓步冲拳要快要稳。

用法：撤步避开对方来招；上步抬腿踢击对方头部或胸部，转身弓步冲拳击身后之敌，以防前后夹攻。

二十二、挎打冲拳

1. 左脚外摆，右脚内扣，身体微向左转。同时右拳拳心向下，向左横摆；左掌变拳，收抱于左腰侧。（图 3–57）

图 3–57

2. 动作不停，右拳继续向左横摆至左侧；左臂屈肘，左拳面向上从下向上挑挎。右拳从左侧经左臂处向右迅速抽回，停于胸前。同时弓步迅速变成半马步。目视左侧。（图 3–58、 图 3–58 反面）

图 3–58

图 3–58 反面

3. 动作略停，身体左转，右脚向左脚后撤一大步，呈左弓步。同时左拳收于左腰间，拳心向上；右拳迅速向前冲出。目视右拳。（图 3–59）

4. 重心右移，右腿屈膝，左腿蹬直呈右横裆步。右臂屈肘平收，拳心向下；同时左拳迅速向左前方冲出。目视左拳。（图 3–60）

图 3–59

图 3–60

要点： 弓、马步互换要与拳法配合协调、连贯，动作中间不要有停顿现象。同时右拳横摆回抽与左拳臂挑挎要密切配合，一气呵成。

二十三、插步撩拳

1. 左脚外撇，左腿微屈，右腿蹬地起立，脚尖上翘，从后向左前下方用力勾踢，脚高不过膝。同时右臂外旋，拳心向上，从身后向前直臂撩击，拳高与肩平，左拳置于右臂内侧。目视右拳。（图 3–61）

2. 右脚里扣、踏实，右腿微屈，身体向左转约 90 度；左腿向右腿后方倒插步，前脚掌着地，脚跟提起。同时右拳向上、向左、向下、再向右后方直臂反撩，力达拳轮；左拳在右臂反撩的同时向左上方钻出。目视右拳。（图 3–62）

图 3–61

图 3–62

要点：

1. 勾踢打拳时，右拳和右腿尽量前伸，身体微向后侧倾斜。

2. 插步反撩拳时，插步尽量要远，插步之腿与上体要保持在一斜面上。避免前俯和凸臀。

用法： 勾踢主要是用脚踢对方小腿胫骨部位，撩拳击其腹部。上下齐动可使对方防不胜防。

二十四、右弓步盖打

1. 重心移至左腿，左腿屈膝半蹲；右腿向左腿后方退一步，腿伸直，两腿呈左弓步。同时，右拳直臂从后向前撩击，力达小臂部位；左拳变掌下落，扶于左大臂处。（图 3–63）

2. 身体向右转，两脚向右摆，左腿挺直，右腿屈膝前弓呈右弓步。同时右拳从左向上、向右弧形盖打，至右侧，力达拳背；左掌护于右臂内侧。目视右拳。（图 3–64）

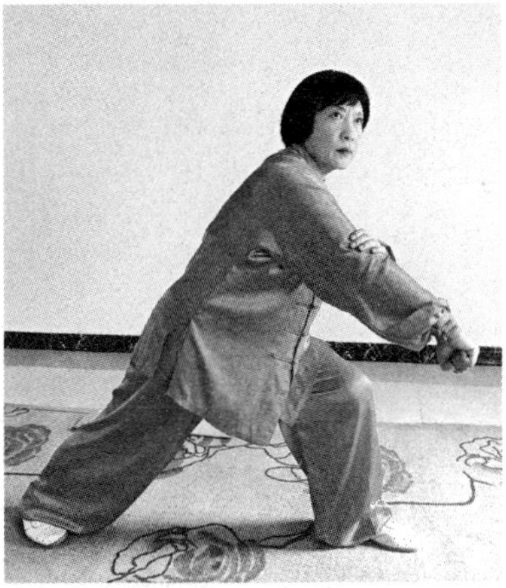

图 3–63

图 3–64

3. 两腿不动，左脚向后撑，脚尖内扣。同时，右拳收抱于右腰侧，左掌变拳向前冲出，力达拳面。目视左拳。（图 3–65）

图 3–65

4. 重心左移，右腿蹬直，左腿屈膝前弓呈左弓步。同时，左拳收抱于左腰侧；右拳向前冲出，拳心向下。目视右拳。（图3–66）

图 3–66

二十五、右刁手砸拳

1. 左脚稍向前移，向右转体约 90 度，右腿向左腿后方倒插步，前脚掌着地，膝部挺直，左腿屈膝半蹲，脚尖外撇。同时，左臂伸直从身后向前直臂撩击，拳心向后，力达拳面；右拳变掌，护于左大臂上。（图3–67）

图 3–67

2. 动作不停，左腿向左后方退一大步，腿伸直，屈膝半蹲呈左弓步。同时，左臂向右、向左直臂弧形抡盖至身体左侧，拳高于肩，拳心向上；右掌置于左肩内侧。（图 3–68、 图 3–69）

图 3–68

图 3–69

3. 两腿不动。左拳收回左腰侧，右手变拳，迅速向前冲出，拳心向下。目视右拳。（图 3–70）

4. 重心移至右腿，右腿屈膝半蹲呈右横裆步。同时，右臂屈肘右拳向右收回，拳臂高与肩平，拳心向下；左拳向左前方冲出，拳心向下，力达拳面。目视左拳。（图 3–71）

图 3–70

图 3–71

要点：

1. 弓步左右盖打时，抡臂要直，要圆。横裆步冲拳时，后臂屈肘要抬平，前臂冲出要伸直，两臂如拉弓射箭之势。

2. 横裆步与弓步不同之处是上体正面在两腿之间，弓腿之脚稍里扣，重心在两腿之间。

二十六、右刁手砸拳左右连环冲拳

1. 接上动，右脚上步外摆，右手向前做刁手状。（图 3–72）

2. 随即上左脚，左拳下砸，拳心向上，力贯拳背。目视前方。（图 3–73）

图 3–72

图 3–73

二十七、左右连环冲拳

1. 接上动，右脚上步落于左脚内侧。同时左拳收回腰间；右拳向前冲出，拳眼向上，力达拳面。（图 3–74）

图 3–74

2. 接上动，随即左脚上步，左拳同时冲出，拳眼向上。（图 3–75）

图 3–75

二十八、戳脚上冲拳

左脚外撇，左腿微屈；右脚尖上翘，向前下方勾踢，高不过膝。同时，右臂外旋，拳心向上从身后向前直臂撩击；左手收于右肩臂内侧。目视右拳。（图 3–76）

用法：戳脚勾踢与撩拳同时击打对方的小腿和面部。

图 3–76

第三段

二十九、插步顶肘冲拳

1. 右脚里扣，屈膝微蹲，身体向左转约 90 度，左腿向右腿后方倒插一步，脚跟提起，前脚掌着地，膝部伸直。同时右臂屈肘，在插步的同时，向后方顶肘；左拳收抱于腰间。目视侧后方。（图 3–77）

2. 左拳迅速向前冲出，拳眼向上，高与肩平。目视前方。（图 3–78）

图 3–77

图 3–78

用法： 当与对方贴近之时，迅速回身顶肘，击其胸腹处。

三十、弓步挑打冲拳

左脚向前上一步，右脚再向前上一大步，屈膝前弓呈右弓步。同时右拳先向前上方上挑，回收后再迅速向前冲出，力达拳面；左拳变掌在身前画一小立圆收于胸前。（图 3–79）

图 79

要点：右脚上步要大，右拳上挑前冲时速度要快，与右腿前弓协调一致完成。上体略微前倾，但不可撅臀。

用法：右拳上挑，格击对方击来之拳臂，然后顺势击打对方胸腹部，左手护于胸前，以防对方反击。

三十一、提膝托掌

1. 右腿起立，右脚向后退一步，两腿微屈前后站立。同时，两手变掌，左手向下伸出；右手收回胸前，掌心向下。（图 3–80）

2. 动作不停，左腿屈膝提起，脚尖向下，脚面绷直；右腿直立站稳呈左提膝独立势。同时右掌向前，停于左膝上；左掌向上托，停于身前。目视前方。（图 3–81）

图 3–80

图 3–81

要点：右腿站立要稳，膝部伸直，左腿提膝要高于腰部，两掌上下按托要有合劲。

用法：若对方以右直拳向我击来，我速退步闪身，右手急拿其腕下按，左掌托其肘关节向上，两掌合力使对方肘关节受挫。左腿提膝以防对方袭击下身，也可伺机用膝顶其腹部，或用脚踢其裆部。

三十二、侧身蹬踹

1. 左脚向前落地站稳，膝微屈。右掌变拳向前撩击，左掌变拳，扶于右肘上。同时右脚从后向前下方横踹，脚尖外翘，脚掌用力，高不过膝。（图 3–82）

2. 动作不停，身体微向左转，右腿屈膝内收，然后向侧上方横踹，脚高过腰，上体略向左倾。同时右臂内旋，向右侧出击；左拳臂外旋，向左侧出击。目视右侧。（图 3–83）

图 3–82

图 3–83

用法：右脚向前撩、踹对方胫骨前面；若对方避过，我再侧身抬腿横踹对方上体，并用右拳击其面部。

三十三、左横踢

接上动，右脚下落于左脚旁踏实；身体右转，左脚抬起，从左向右扫踢，力达脚面，同时上体向后侧倒。目视左脚。（图 3–84）

要点：右腿落地踏实、左腿扫踢时，力贯小腿，扫踢脚要高。

用法：用左脚横扫踢对方的腰肋部。

图 3–84

三十四、右旋踢

上动不停，左脚向右脚旁落地，脚尖内扣站稳，同时向右转体一周，上体向左后侧倾，迅速将右腿屈膝提起，用力向右侧后旋踢，脚尖上勾，力达脚跟。右拳变勾手，从左向右勾搂；左拳变掌，向左侧亮掌。（图 3–85）

要点：转身旋踢要快、要高，身体保持平衡。

用法：转身旋踢对方的上体部位，用力要猛，旋踢腿要准，独立腿要稳。

图 3–85

三十五、插步撑磨腿

1. 右脚向右后方落步，上身起立，身体重心移至右脚；然后左脚向右腿后方插步，前脚掌落地，脚跟提起。同时，右掌变拳从身前向上、向后盖打，高与肩平；左手置于右肩内侧。目视右拳。（图 3–86）

图 3–86

2. 重心渐移至左脚，膝部微屈，右腿向右后方弧形后扫，全脚掌着地。同时左手前搂，然后收抱于左腰侧；右掌经腰侧向前下推按，掌心向下。（图 3–87 至图 3–88 反面）

图 3–87

图 3–88

图 3–88 反面

用法：动作 1 主要用来袭击对方头面部。若对方抓握我的右手，我则迅速抽回右手，用左手从右臂下向前推捋对方，右腿扫踢对方之腿，右手推按对方的腰背部，三动合一使对方倒地。

三十六、击步前后扫蹚腿

1. 右脚向前上一步，脚尖微向外摆，同时右手向前抓掳。（图 3–89）

2. 上动不停，右脚向外摆，使身体向右转约 180 度，同时右腿屈膝半蹲，左腿随转体向前下扫动，脚尖内扣。两手握拳收抱于腰间。（图 3–90）

图 3–89

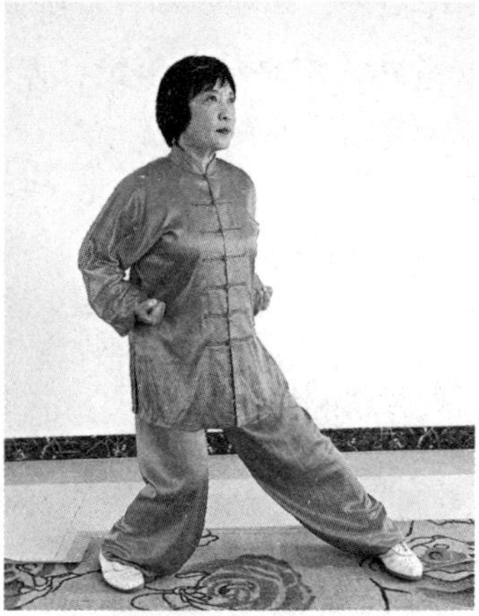

图 3–90

3. 上动不停，两手不动，左脚内扣，左腿屈膝半蹲，同时身体向右后转动，右腿挺膝伸直随体转向后扫踢。（图 3–91）

要点：下蹲和转体动作要快，两腿尽量下蹲；前（左）扫和后（右）扫各扫半圈，力达腿脚。

用法：右手抓掳对方之手或虚晃一下，然后突然下蹲，用腿扫荡对方的两腿。乃指上打下之术。

图 3–91

三十七、仆步抡劈拳

1. 两脚不动，身体向右后转体约 90 度，右腿屈膝前弓呈右弓步，左腿挺膝伸直。同时左拳向左侧提起，高与肩平；右拳从腰部向左、向上、向右侧抡。目视右拳。（图 3–92）

2. 动作不停，两腿不动，左脚微向外展，向右转体。同时右拳继续向下，向后直臂抡转，至身后侧平举；左拳则同时向上、向前抡劈，至体前，高与肩平。（图 3–93）

图 3–92

图 3–93

3. 动作不停，重心移至左腿，左腿屈膝下蹲，脚尖外展；右腿伸直平仆，脚尖内扣。同时左拳继续向下、向后、向上抡摆，斜举于体后侧，拳眼向上；右拳同时向上、向前、向下抡劈至小腿内侧，拳眼亦向上。目视右拳。（图 3–94、图 3–94 反面）

要点：这是一组连贯动作，抡劈时，肩要松，腰要活，做到腰如车轴，臂似车轮，抡劈要圆活，弧度要大，速度要快，一气呵成；同时要和步型的转换密切配合，两眼紧随右拳转动。

图 3–94

图 3–94 反面

三十八、扣腿冲拳

1. 接上动，左腿起立蹬直，右腿屈膝微弓。右拳从下向上挑，再向后落于身体后侧，拳眼向上，高于腰；左拳从身后落下、再向前直臂挑拳，高与头平，拳眼向上。目视前方。（图 3–95）

图 3–95

2. 右腿屈膝半蹲；左腿屈膝，将左脚面贴靠于右脚膝弯处，两腿呈扣腿半蹲势。同时，右拳从后经腰部向前冲，拳眼向上，力达拳面；左拳变掌，收于右肩前。目视右拳。（图 3–96、图 3–96 反面）

图 3–96

图 3–96 反面

用法：假设对方向我上身击来，我以右拳向上挑开其臂，左掌护面部，用右拳冲击其胸腹部。

第四段

三十八、马步顶肘

1. 左脚向左侧落地踏实，脚尖稍外展呈半马步。同时上体左转，左掌向左侧抓握，右拳收抱于右腰侧。目视左拳。（图 3–97）

2. 左脚外展，右脚向左侧上一步，两腿屈膝半蹲呈马步。同时左掌变拳收抱于左腰侧；右臂伸直向左平摆，当两腿半蹲呈马步时，屈肘前顶，高与肩平。目视右方。（图 3–98）

用法：左手搂抓对方击来之手臂，然后转身上步用肘尖击其腰背部位。

图 3–97

图 3–98

三十九、跪步贯打

1. 右腿微起，左腿蹬直，身体略向右转。同时右拳从胸前向前向右扣击，拳心向内，拳背向外，高与头平；左掌置于右肩内侧。目视右拳。（图 3–99）

2. 动作不停，重心略向右移，左脚跟提起，前脚掌着地。同时右拳收回腰部，左手立掌向前推出。目视左掌。（图 3–100）

图 3–99

图 3–100

3. 动作不停，右脚略向前垫半步，左脚随之跟进踏实。同时左掌收回左腋下，掌心向下；右拳从左掌背上向前冲出，拳心朝下。目视右拳。（图 3–101）

4. 左脚向前上一步，同时左手立掌前伸；右拳在左掌前伸的同时，经左掌背处收于胸前。然后，左腿屈膝半蹲；右腿屈膝，使膝盖接近地面，脚尖着地，呈半跪步势。同时左掌收于右肩前，右拳向前贯击。目视右拳。（图 3–102）

图 3–101

图 3–102

要点：以上几个动作是一组连续组合动作，要求每一个动作既做到清楚、快速，又连贯不停。伸掌出拳均要与身体的起伏、扭转协调配合，上下相随。

用法：假设我以右拳背扣击对方面部，对方必以手格挡或避让，这时我迅速抽回右拳，改用左掌击其面部。若对方拿我左腕时，我迅速回收左手化解，同时进步以右拳击其面部。此时若对方抓拿我右腕，我则用左掌挑开其抓握之手，并迅速抽回右拳，蹲身贯击其胸、腹或面部。

四十、虚步裹肘

两腿微起，左脚向后撤一步，右脚向左脚前方移一步，脚尖点地，两腿半蹲呈右虚步。同时，右臂外旋，肘微屈，使拳心翻转向上；左拳收于腰侧。目视右拳。（图 3–103）

用法：假设对方向我击来，我撤步避开，并用右小臂由外向内滚转，掩裹对方击来之拳。

图 3–103

四十一、插步反撩掌

1. 右拳收回腰部，再向前上钻击，拳心向上，高与鼻齐。同时右脚向前进半步，脚尖外展。目视右拳。（图 3–104）

2. 左脚向前上一步，脚尖内扣，身体向右转约 90 度。左拳变掌，手心向上，向左前上方穿出，高与鼻齐；同时右拳置于左胸前。（图 3–105）

图 3–104

图 3–105

3. 动作不停，再向右转体约 90 度，同时右脚向右后方撤一步。然后右脚再向左脚后倒插一大步，左腿屈膝前弓，右腿挺膝蹬直，脚跟提起，脚前掌点地，呈插步势。与此同时，右拳变掌，从身前向后撩击，掌心向后，高与裆平，左掌顺势在左上方架掌，掌心向外。（图 3–106、图 3–106 反面）

图 3–106

图 3–106 反面

要点：转身、上步、插步撩掌要连贯，速度要快，中间不要停顿。倒插步时上体可微向前倾，不可撅臀，左腿和上体要在一斜面上。

用法：假设对方在我身前站立，我先以右拳击其面部，对方若退避时，我则迅速转体，插步接近其身，用右掌撩击其裆部。

四十二、提膝扣打

左脚向左侧上一步；右腿向左侧屈膝提起，脚尖向下。同时左手向右、向下停于右肩前；右掌变拳，从下向左、向上、再向右侧反臂扣击，拳背向下，高与鼻齐。目视右拳。（图 3–107）

用法：假设对方向我腿踝部踢来，我撤步提膝避让，同时用拳背扣击其面部。

图 3–107

四十三、马步架托掌

右脚向右侧落地，两腿屈膝半蹲呈马步。同时右拳变掌向左、向下、经胸前再向右侧横掌下按；左掌在右掌下托的同时，从右臂外侧向上、向左上架掌。目视右掌。（图 3–108）

要点：

1. 右提膝下落呈马步时，左脚随之跟进。

2. 架掌和右脚落地呈马步时要同时完成，两臂尽力外撑，全身要有一股整劲。

用法：接上动，如对方架格或抓拿我右拳时，我即以左掌挑开其臂，同时迅速抽回右拳向对方腹部猛击。

图 3–108

四十四、冲拳弹踢

1. 接上动，重心右移，右腿前弓，左腿挺膝伸直，呈右弓步。同时右掌变拳，以肘为轴，从右向左、向上经面前反臂向右侧扣击，拳心向上，力达掌背；

左掌变拳，下落置于右腋前，掌心向下。目视右掌。（图 3–109）

2. 两腿不动。右拳迅速收抱于右腰侧，拳心向上；同时左拳迅速前冲，拳心向下，力达拳面。（图 3–110）

图 3–109

图 3–110

3. 动作不停，重心迅速左移，左腿屈膝前弓，右腿挺膝伸直呈左弓步。同时，左拳收回右胸前；右拳迅速前冲，拳心朝下，力达拳面。（图 3–111）

4. 动作不停，重心移至左腿，右腿屈膝提起，脚尖绷直向右侧弹踢，力达脚尖。目视右脚。（图 3–112）

图 3–111

图 3–112

四十五、盖跳步勾手

图 3–113

动作不停，右脚收回，经体前向左侧盖步落地；左脚随即提起，再向右脚左侧落步，屈膝半蹲呈左弓步。同时右拳变勾手向右后反撩，左拳变掌置于胸前。目视右后方。（图 3–113）

要点：双手连打三拳要快速、不间断；侧踢腿时重心微微向左移，与冲拳动作节拍要一致。

用法：假设对方在我右前方准备进攻。我先以右拳背扣击对方面部，继以双拳接连向其面部冲击，最后侧身用右脚弹击其身，并迅速向后退避，以防对方反击，伺机进攻。

四十六、虚步双格手

图 3–114

身体微向右转，右脚收回半步呈右虚步。同时右手变掌向右画弧，臂微屈，侧立掌于身前；左掌置于右前臂内侧。目视前方。（图 3–114）

四十七、抡臂塌掌

1. 右臂内旋，掌背向后，从右向下、向左、再向上抡臂至身体的右上方。同时重心右移，左掌下落至身体左侧后方。（图 3–115）

2. 动作不停，身体微向右转，重心全部移至右腿，左脚掌点地，脚跟提起。右掌继续从上向下、向后抡转，至身体右后侧时掌心翻转向上；同时左掌从身后向上、向前抡转至体前。目视左掌。（图 3–116）

图 3–115

图 3–116

3. 动作不停，左脚上前一步，屈膝半蹲；右脚跟进半步，膝部微屈，前脚掌蹬地。同时，右掌从身后向上、向前抡，至头上方时，掌心向前，掌腕上提，掌心向下，用力向前按，力达掌心；左掌从身前收至右腋窝下，掌心向下。目视右掌。（图 3–117）

图 3–117

要点：两臂抡转要快、要圆、要猛。身体的右转、上步要与抡劈塌掌配合协调一致。

用法：假设对方在我身前袭击，我先以右臂，继以左臂从后向前抡劈，砸开其臂，用掌按击其面部和前胸。

四十八、进步滚挤

1. 右脚上步，前脚掌着地停于左脚内侧，两腿均屈膝半蹲。同时右臂外旋，使掌心翻向上；左掌扶于右小臂上。目视前方。（图 3–118）

2. 动作不停，右脚向前上一步，右腿屈膝前弓；左脚稍跟半步，左腿微屈。同时右臂内旋，右手变拳，屈肘向前滚挤；左手扶于右腕处。（图 3–119）

图 3–118

图 3–119

要点：右脚上步与右臂屈肘向前滚挤时，要使用腰劲，以腰带臂，臂随腰动，手脚齐到，合力前挤。

用法：假设对方以左拳向我身前进击，我以右小臂屈肘裹格化解，随即向前滚挤其身，将其击出。

四十九、戳踢下砸拳

重心移到右脚，左脚从后提起，脚尖上翘，向前下方蹬踏，力贯脚心，高不过膝。同时左手抱拳置于左腰侧；右臂外旋，用小臂尺骨一侧向下劈砸。目视前下方。（图 3–120）

图 3–120

用法：假设对方以左直拳向我腹部击来，我则以右拳背向下反砸，同时以左脚蹬踏其前腿膝关节处。

图 3–121

五十、弓步左冲拳

左脚向后落地，挺膝蹬直，右腿屈膝半蹲，两腿呈右弓步。同时右拳收抱于右腰侧；左臂内旋，左拳向前冲出，力达拳面。目视前方。（图 3–121）

五十一、弹踢砸拳

1. 重心后移至左腿，右脚回撤半步，脚尖点地，两腿屈膝半蹲呈右虚步。同时左拳收于左腰侧；右拳先内旋从腰间略抬起，然后再外旋向腹前下砸，拳心向上。目视前方。（图 3–122）

2. 动作不停，右脚尖绷直向前弹出，力达脚尖，高于小腹。（图 3–123）

图 3–122

图 3–123

五十二、采手圈捶

1. 接上动，右脚前落，脚尖点地，两腿仍呈右虚步。同时右掌掌心向下，左掌掌心向上，从左侧向右侧平行采捋。双手呈握拳式。目视前方。（图 3–124）

2. 上动略停，右脚向前上半步，左脚亦跟进半步，重心后坐于左腿上。同时右拳从右侧向前弧形贯打，拳心朝下，力达拳面；左拳变掌，扶于右腕处。目视前方。（图 3–125）

图 3–124

图 3–125

要点：以上动作过程的砸、弹、采、贯要连续不断，一气呵成，同时前后之间的衔接也要干脆利落、清晰有力。

用法：右拳下砸以截击对方手臂，顺势用脚弹击对方腹部。双手采捋对方击来之手臂，并用贯拳弧形圈击对方头部。

五十三、迎面连环拳

1. 右臂外旋，使拳眼翻转向上；左拳向前下按，然后收于右腹前。同时右腿前弓，左腿后蹬，前脚掌着地。右拳发力向前上冲拳，拳眼向上，力达拳面。（图 3–126）

2. 右脚略向前移，左腿随之跟进。同时右拳收回腰部，左手迅速握拳前冲，

然后立即收于腹前；右拳再向前直臂前冲。两腿在右拳前冲时，重心落在右腿上，身体略向前倾。目视右拳。（图 3–127）

图 3–126

图 3–127

要点：双拳交替前冲要快速有力，两脚在双拳前冲时寸步前移，上下协调配合。以上冲拳动作可以连续击出 5~7 拳，上击对方面部，中击其胸部，下击其裆部。

用法：假设对方抓住我的右腕，我右臂外旋抽腕，解脱被擒之手，然后连续用双拳冲击其面部和胸腹处。

五十四、插步分掌

1. 右脚向右后方倒插一大步，前脚掌点地；左脚外摆，左腿屈膝前弓。同时右拳变掌从上向左、向下、再向右侧分掌，掌心向后，掌指向下；左掌臂外旋向左上方穿掌，掌心斜向上。目视前方。（图 3–128）

要点：插步要大，姿势要低，倒插之腿不可弯曲，脚跟要提起，上体与右腿要在一斜面上，臀部不可凸起。做到挺胸、塌腰、敛臀。

2. 重心右移，左腿蹬直，右腿屈膝前弓，两腿呈右横裆步。同时右掌从下向左、向上、再向右上方穿出亮掌；左掌从上向右，再向左侧下方按掌，掌心斜向下，身体略向右倾。目视前方。（图 3–129）

要点: 由插步变横裆步时，左腿要用力挺膝蹬地，上体速向右移，正对前方，右腿屈膝半蹲，两脚尖正对前方，呈“川”字形。上体不要前俯后仰、凸臀。

图 3–128

图 3–129

五十五、刁手里合腿

1. 左脚向前绕步，脚尖外撤。同时右掌变拳收于腰部，左掌向左前方弧形抓捋。（图 3–130）

2. 重心移至左腿，右腿用力从右侧向上、向左摆踢，至身体的左前上方时，用左手掌心拍击右脚掌，同时身体向左后旋转约一周。左掌拍击后，上举于头部右上方，右臂在身后随体转动。（图 3–131）

图 3–130

图 3–131

要点：里合之腿要尽量向上摆踢，脚掌内扣，击拍要响亮，转体要快，上身不可弯腰，支撑腿不要明显弯曲。

用法：假设对方向我冲拳，我左脚上步闪身避开拳锋，速用左手刁拿其腕，或格挡其臂，同时速用里合腿踢击其面部或上体。

五十六、仆步下切掌

1. 右脚随惯性落于左脚内侧踏实，左腿略向上提起。同时两小臂在身体右侧十字交叉，右臂在上，左臂在下。（图 3–132）

2. 动作不停，两手在身前舞花（以肘为轴，右手从上向右、向下、再向左绕一小圈，同时左手向下、向左、向上，再向右绕一小圈后，两小臂仍在右胸前交叉，掌心相对，左上右下）。同时重心移至右腿，左腿蹬地屈膝提起，脚尖向下。目视前方。（图 3–133）

3. 右腿屈膝全蹲，左腿向前平仆，左脚尖里扣，膝盖挺直。同时右掌收抱于腰间，左掌顺腿向下用力横切，掌心向下，力达掌外沿。目视左掌。（图 3–134）

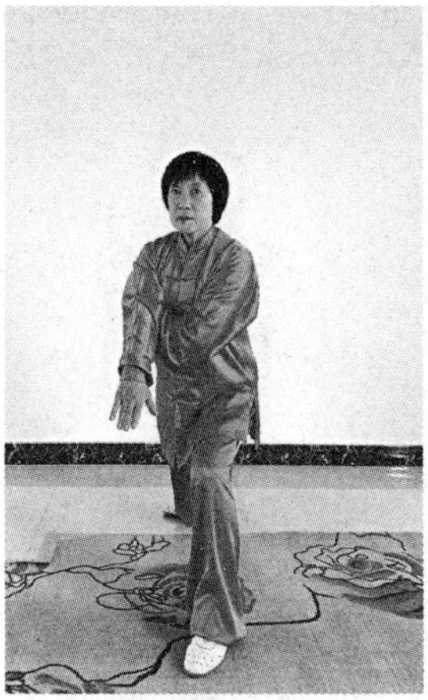

图 3–132

图 3–133

图 3–134

要点：两臂舞花动作要快、要圆，上下要协调配合，同时完成动作。右腿全蹲时大腿要接近小腿，右脚跟不得离地，臀部不可外凸，保持挺胸塌腰的姿势。

五十七、弓步冲拳

右脚蹬地，挺膝伸直，左腿屈膝前弓呈左弓步。同时左掌握拳收于腰间；右手变拳迅速前冲，拳心向下，力达拳面。目视前方。（图 3–135）

图 3–135

五十八、虚步抱拳

1. 左拳变仰掌经右腕前穿，右拳外旋随身体右转向后撤于腰间。同时重心后坐于右腿；左脚微内收，脚跟提起，前脚掌着地，向右转体约 90 度。（图 3–136）

2. 动作不停，身体向左转回。右拳内旋，拳心向下，从身后向前弧形平摆，至左前方时，左掌扶于右拳面上。同时两腿略蹲，左脚尖点地，呈左虚步。目随右拳转动。（图 3–137）

3. 动作不停，上身略右转，正对前方。同时两臂屈肘内收，至身前臂内旋，再向前抱拳推出，两臂微屈撑圆。目视正前方。（图 3–138）

图 3–136

图 3–137

图 3–138

要点： 左穿掌、右摆拳要连贯进行，目随右拳转动。抱拳前推时要精神饱满，姿势端庄。做到沉肩、垂肘、挺胸、抬头。

五十九、并步按掌

1. 左脚向前上一步，右脚亦上一步与左脚并齐，两脚距与肩同宽。同时两臂外旋，手掌心翻转向上。（图 3–139）

2. 动作不停，两掌直臂向下、向两侧、再向上同时摆动至头顶上方，手心相对。目视两手。同时，右脚向左脚靠拢。（图 3–140）

3. 两臂内旋，掌心向下，经胸前向下按至小腹前，两掌变拳，拳面相对，拳心向下，两肘微屈。目视前方。（图 3–141）

图 3–139

图 3–140

图 3–141

要点：并步与举手按掌要协调一致，目随右掌，收势后要保持头正、项直、挺胸、塌腰、精神饱满的状态，不可松懈。

六十、立正收势

两拳变掌落于体侧，呈立正姿势，目视前方。（图 3–142）

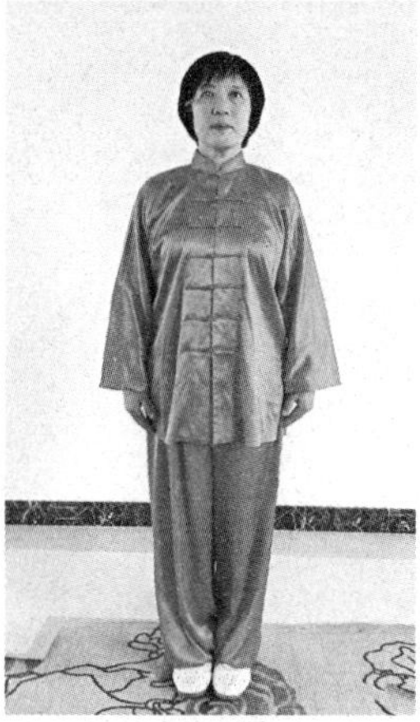

图 3–142

附　录

张希贵先生小传

张希贵先生，男，汉族，1937 年生于山西省太原市尖草坪区柏板村，中国武术九段，国家级武术裁判，“中华浑元武术”创始人，历任山西省体工队武术总教练、山西省武术协会副主席、山西省形意拳研究会会长、山西省形意拳协会常务副主席兼秘书长、山西省体育总会委员。国家体育总局武术运动管理中心授予其“中华武林百杰”“新中国体育开拓者”“全国武术挖掘整理先进个人”“全国武术优秀裁判员”等荣誉称号。

张希贵先生自幼拜名师郝学儒先生学练少林拳械、岳氏连拳八翻手及王新午太极拳等；后随名师申子荣先生学习形意拳、岳氏连拳八翻手、浑元一气功等；跟随“傅山拳法”传人葛书元、李思元先生学习傅山拳法，成为山西“傅山拳法”非物质文化遗产传承人；曾向武术名家沙国政学习八卦掌、通背拳、形意拳、太极拳对练等拳械；又分别向各流派形意拳名家布学宽、赵永昌、李三元、李桂昌、杨吉生、王鸿、王继武、何福生等学习形意拳；随岳父杨隆柱学习绵掌、十手艺等。先生博武修德，专一凝志，苦心研习武学，至今已年过八旬，仍不辞辛苦，著书立说，传道授业。

张希贵先生的青壮年时期，作为专业武术运动员为省队争光，作为专业武术教练，又为国家培养了大批优秀的武术人才。步入社团活动阶段，他更是自强不息，再创辉煌。他 30 年如一日自筹资金策划组织大型赛事活动，积极筹划全省传统武术活动的交流、培训、研讨等，推动了武术运动的发展。在国际交流方面，他多次随中国武术代表团出访日本、新加坡、罗马尼亚、智利等国进行访问表演；培训了众多来访的各国武术爱好者；分别与数十个国家和地区的武术爱好者进行交流、切磋，对中华武术的传播、发扬做出了突出的贡献。他的事迹载入《中国当代武林人物志》《中国武术名人辞典》《中国民间名人录》

《当代武林英豪》等书。

一、华夏论剑逞英豪　一朝挂帅惊武坛

1958年，张希贵先生入选山西省体工队，成为专业武术运动员。同年，代表山西省参加在北京举行的全国武术交流比赛大会获得二等奖。次年，代表山西省参加了中华人民共和国第一届全运会武术比赛，所练枪术获得好评。从1962年起，他担任山西省体工队教练兼运动员。1973年，他荣任山西省体工队武术总教练。

1958年至1980年期间，是张希贵先生从事武术专业工作的鼎盛时期，他把青春年华奉献给了祖国的武术事业。这时期山西武术专业队从无到有，从弱到强；从20世纪60年代的全国中下游水平，逐步跃居全国上游水平，名震武坛。他勤勤恳恳地扎根于武术训练第一线，培养了大批优秀的运动员和武术专业人才。他所培养的许多队员被选为国家队队员，有40多人代表国家出国表演、比赛。这些成绩的取得，与张希贵先生的努力付出是分不开的。在此期间，张希贵先生向国内诸多武术名家、名师虚心学习，复承各派名师益友的熏陶，博采众长，使其在长拳、短拳、形意拳、六合八法拳、太极拳、八卦掌、散手、武术推手，以及各类武艺器械等方面都有较高的造诣，尤其是他所练的鞭杆、形意拳、浑元太极拳、浑元散手拳等，更是令人称绝。张希贵先生任教练期间在历届全国武术比赛中获得的成绩如下：

1964年，他带队参加在济南举办的全国19个单位的武术比赛，运动员武元梅获棍术第一名、剑术第二名，这是山西省武术比赛的首枚金牌。

1972年，在参加济南举办的武术比赛中，队员魏素英获得规定拳第一名；队员孙国栋、孟耿成被评为优秀运动员。

1974年，在参加西安举办的全国武术比赛中，队员巩铁练获棍术第一名；魏补全获枪术第三名；李巧玲获刀术第三名；魏素英获剑术第二名；贾慧卿获枪术、剑术第一名和全能冠军，这是山西省第一个全能金牌获得者。

1975年，在中华人民共和国第三届全国运动会武术比赛中，队员巩铁练获得全国棍术冠军，一鸣惊人，震撼武坛。

1976年，在哈尔滨全国运动会武术表演赛中，山西省武术队获团体第三名，队员魏补全、魏素英、巩铁练、贾慧卿等被评为优秀武术运动员。

1977 年，在参加内蒙古临河举办的全国武术比赛中，队员巩铁练、魏补全获前五名。

1978 年，在参加湖南湘潭举办的全国武术比赛中，山西省武术队获得团体第一名，受到省体委（体育局）的奖励。

1979 年，第四届全国运动会武术比赛在石家庄举行，队员魏补全与巩铁练分别获得预赛枪术第一名、棍术第五名的好成绩。

1972 年到 1980 年期间，张希贵教练所带队员 40 余人，随中国武术团出访亚、非、拉美等地区，为增进我国和各国人民之间的友谊，为中国武术走向世界做出了积极的贡献。

二、专心“挖整”救濒危　民族瑰宝得保存

在 1982 年至 1985 年全国武术挖掘整理工作期间，张希贵先生时任山西省武术协会副主席、山西武术“挖掘整理”办公室主任。在这期间，他组织人员走访了山西各地，访问老拳师、武术传人等，基本摸清了分布在山西境内的 65 个拳种，抢救了一批濒临失传的传统武术套路和功法。如“戴氏心意拳”“弓力拳”“三义拳”“傅山拳法”“信拳”“杨家拳”“八法拳”“同备拳”“敏涵拳”等等。

在 20 世纪 80 年代以前，山西省的主要拳种“戴氏心意拳”“弓力拳”“傅山拳法”及“王新午太极拳法”等，已濒临失传，练习的人很少。经过挖掘整理以后，张希贵先生又在山西省武术比赛中让这些拳种单独立项参赛，使这些拳种又逐步地发展起来。有些拳种甚至被列入世界非物质文化遗产名录，这是有口皆碑、功德无量的事实，必将载入史册。如今“戴氏心意拳”练习者众多，在晋中等地都成立了“戴氏心意拳协会”，使这项古老的拳种又焕发出勃勃生机。

经过数年的武术挖掘整理工作，张希贵先生与同事共同编辑出版了 60 万字的《山西武术拳械录》，录制了 25.5 个小时的老拳师录像带，整理出了 3000 多个武术套路。山西省获得“全国武术挖掘整理工作先进集体”；张希贵先生获“全国武术挖掘整理工作先进个人”称号。

三、传统武术根基厚　形意神拳四海扬

1981 年，为贯彻国家体委精神，依照山西省体委、体育总会的要求，成立了山西省形意拳研究会（后改为山西省形意拳协会）。时为山西省武术协会副主席的张希贵先生作为创始人，被选举为该会会长。30 多年来，他任劳任怨，一门心思地扑进了民间传统武术这一领域，默默地做着新的贡献。

30 多年来，据不完全统计，张希贵先生共组织筹划了 27 届山西省传统武术锦标赛，其中包括 7 届全国传统武术及形意拳邀请赛；2 届国际传统武术及形意拳邀请赛；20 届散打擂台锦标赛；5 届武术推手擂台赛等。这些赛事活动均自筹资金，不花国家一分钱，积极推动了武术运动的发展。在这期间，他还积极组织筹划全省业余传统武术活动的交流、培训、研讨等，培训学员和裁判员数千人，这在全国都是鲜有其比的！

1989 年，山西天龙武馆成立，作为创办山西民间武术馆校的开山鼻祖，张希贵先生出任首任名誉校长。

张希贵先生为全国武术运动的发展，起到了积极的推动作用。1986 年，获国家体委颁发的“新中国体育开拓者”称号。2012 年，鉴于张希贵先生对山西形意拳的特殊贡献，在庆祝山西形意拳协会成立 30 周年表彰大会上，山西省体育总会为他颁发了“武术贡献奖”。2012 年，张希贵先生荣升中国武术九段。2013 年 1 月，张希贵先生作为中国形意拳的代表又被评选为“中华武术 30 年（全球 30 位）最具武术影响力人物（传统武术类）”，这是对他在中国武术界所做贡献的再次高度肯定。

四、老骥伏枥志千里　著书立说育后人

中国古来相传之事物，以经历事实取信于后世，故源远流长，久而不失。张希贵先生技术臻精，惟妙娴熟，令其美誉远播。他对武术事业的敬业精神，更为世人所称赞。但凡得其授受者，均受益良多。

1995 年至 1996 年，历时两年，排除诸多干扰，张希贵先生主编出版了《山西武术名人名拳录》，该书收集了山西 40 多个拳种，古今武术人物 320 名，成为山西武术发展源流、功法、拳种研究之杰作。

1976 年，张希贵先生创编的“浑元形意拳 48 式”已经成型，并培养运动

员参加全国比赛，而后又在山西省传统武术竞赛上亮相。经过 3 年的推广，被确定为山西省形意拳竞赛规定项目之一。1995 年略加修改，又被国家录用，成为全国形意拳中级竞赛套路。

1995 年 3 月，张希贵先生曾受中国武术协会之邀，参与创编并编著国家形意拳中级、高级竞赛规定套路，参与创编《形意枪》《形意棍》等；担任执行主编出版了中国武术段位制系列教程《形意拳》一书，使形意拳走向规范化，为今后实行段位制迈出了重要的一步。

1995 年 5 月，张希贵先生主持了山西省形意拳基本拳法“五行、十二形”的研讨工作，统一了山西省的形意拳基本拳法，并在裁判员培训班上进行了推广；主编出版了《山西形意拳》图书和教学光盘。个人还录制出版了各类拳种套路、技击法的教学光盘共 16 套。

2003 年，张希贵先生将学到的申子荣老师“岳氏八翻手”的真传，经过多年的研究，并与众多师兄弟及师友切磋总结交流，使其更臻完善，并毫无保留地将申老所传“岳氏八翻手”上、中、下八路录制成教学光盘，进行专业培训，并将使用方法详细讲解，使“岳氏八翻手”在海内外发扬光大，开花结果。

2005 年 12 月，张希贵先生编撰了《山西鞭杆技法精选》一书。

2006 年 6 月，张希贵先生为古拳谱《太极拳阐宗》一书的出版，进行整理、增补，并编写了前言。

2010 年 8 月，“中华浑元武术”成立二十周年，张希贵先生编著了《中华浑元武术汇综》内刊。同年 12 月，先生收集提供资料于《搏击》杂志社出版了《山西形意拳协会成立二十周年》专辑。

2011 年 6 月，应中国武术协会和高等教育出版社邀请，张希贵先生和弟子刘定一教授赴北京拍摄《形意拳段位制教程》。

2012 年 10 月，先生于北京体育大学出版社出版了从武六十年纪念画册《浑元武踪 艺德可风——当代中华武林百杰张希贵先生从武六十年掠影》。

2013 年至 2021 年，先生先后出版了《傅山拳法》《岳氏八翻手实用技法》《傅山太极拳剑套路汇编》《山西迎手鞭杆拳》《形意拳必修套路》《形意拳基本拳法》等书籍；拍摄大型武术纪实纪录片《浑元武踪》五集等。

五、海外赛场显雄姿 桃李满园笑人生

2004年，时年67岁的张希贵先生为弘扬传播中华武术，应邀代表中国武术协会参加在郑州举办的“首届世界传统武术节”武术大赛，荣获形意拳和鞭杆两个项目的金牌。

2006年，先生应邀赴南美洲智利传播中华武术，举办武术训练班，将中华武术远播南美诸国，对中华武术的传播、发扬做出了突出的贡献。

2007年，时年70岁的张希贵先生仍神采奕奕，老当益壮，作为中国传统武术代表团形意拳代表人物，赴日本进行形意拳表演，获日本武术界赞赏。

2014年，时年77岁的张希贵先生，作为国家武术代表团成员赴台北表演，获得赞誉。张希贵先生曾6次参加香港国际武术节，并担任副总裁判长及仲裁主任等工作。

2017年11月，时年80岁的张希贵先生应国际武术联合会邀请参加“第七届世界传统武术锦标赛名师讲座”，教授形意拳技术与理论。

2019年8月，张希贵先生受国家武术研究院聘请，担任“2019年全国武术专业青年骨干教师高级研修班”授课专家，教授形意拳技术与理论。

在国际交流方面，他多次出访日本、新加坡、罗马尼亚等国进行访问表演。培训众多来访的英、法等国武术爱好者，还分别与日本、新加坡、马来西亚、智利、英国、美国、法国、意大利、德国、西班牙、古巴、瑞典、澳大利亚等国家和地区的武术爱好者进行交流、切磋。

张希贵先生从事武术事业七十余年，执着于武术，痴迷于武术，博采众长，精研多门流派的武术精华，于1990年创立“中华浑元武术”门派，无愧为一代武术宗师。

“中华浑元武术”创立于新时代，必将遵循于传统门派的严谨，又将添加新时代的气息，将传统与现代融为一体，适应新时代的发展，必将成为武术门派中的冉冉新星。30多年来，众弟子紧紧地团结在张希贵先生门下，将“公、正、信、恒、诚、义、友、明、慧、谦”的十字训精神作为行为准则，脚踏实地，勤勉敬业，使得“中华浑元武术”门派日益壮大。如今该门派弟子传人已达数千人，如大学教授、副教授：刘定一、周玉芳、李巧玲、张智录、

陈国伟、权黎明、宿继光等。高段位获得者：八段有刘定一、莱拉珠、张智录等人；七段有张静、刘金根、张九功、陈国伟、张红梅等人；六段有数十人。传统武术高级教练及国家级社会指导员若干人。众多弟子都是武术领域的佼佼者，成为“中华浑元武术”的一大骄傲。正可谓“浑元武术承前启后，中华武术后继有人”。

张希贵先生一生酷爱武术，如今名扬九州，誉满三晋。正如2012年先生在出版的从武生涯大型画册中所写道：“寄情书剑焠岁寒，磨砺魂魄六十载，得益多师成正道，铁肩担起一浑元，曾行海外扬国粹，竞技武术奠基人，老骥伏枥志千里，著书立说为承启。”

郑建平　张静

后 记

时下人们对中国传统武术的认知产生了一些争论，有人说：武术应该能打，一招制敌；如果武术不能打就不叫武术，就是花架子，是武舞，失去了武术的本义。有人说：当前武术的实战作用已被现代化武器所替代，单纯地追求打斗不符合现代人的要求。现代武术的作用重在传承，健身养生，陶冶情操，为全民健身服务，孰是孰非，各执一词。

笔者以为，时代不同了，一切都在改革变化中。如今武术散打搏击术，只能在有条件的人群中开展和锻炼。因此各省、市成立了专业武术散打队，专门从事武术的格斗训练和比赛；民间的武术则主要以套路运动的形式进行传承和锻炼。虽然传统武术在民间也有的还在进行散打练习，但由于条件的限制，如场地设施、专项器材、陪练对手、生活条件、医护保障、营养水平等，而且时间、强度、运动量都跟不上，武术爱好者不可能进行高强度的训练，因此民间很难练出高水平的武术搏击高手。

试看如今在民间或者师徒传授的情况下，不是专业工作者，真正进行实战对抗训练者很少。一是平时练习时没有陪练对手，二是怕伤人。如果民间武术有相应的训练条件、安全保障、鼓励措施等等，那民间武术工作者也一定能够训练出搏击高手。国家明文规定，当前武术比赛分三个类型：一是以套路运动形式出现的竞技武术和传统武术，二是对抗项目、散打搏击（包括推手）运动形式，三是武术功力比赛形式。

笔者认为，武术套路是武术的主要运动形式，是武术攻防技术动作的组合，通过套路的反复练习，可以熟练掌握技巧，锻炼身体的灵敏性、反应、协调性等，还能提高人体的柔韧性、力量、弹跳力、速度，增强身体素质。在这个基础上，训练散打搏击术就会取得事半功倍的效果。

武术套路还包含了中国传统文化，如阴阳五行、生克变化、吐纳导引、内外结合、修身养性等内容，其健身养生、强身健体、防身自卫等功效都是其他项目不可代替的。一般来说，习武者都练攻防格斗技巧，对付一般不练武的人，可以说富富有余，但是要成为搏击高手，就需要进行专门的训练。如果要求练武之人都是搏击高手，那是不可能的。这样就限制了武术的发展。随着社会发展，为适应社会的需要，套路运动、搏击运动并举，各取所需，才是当今武术运动发展的方向。任何脱离实际情况的想法和做法都是行不通的。

编辑本书的目的就是为了继承中华传统武术的优秀套路和武术技击技术，为人民的健康服务，为国防服务。强国强种，造福国人。

图书在版编目（CIP）数据

浑元散手拳 / 张静主编 . -- 太原 : 山西科学技术出版社 , 2023.11
ISBN 978-7-5377-6329-5

Ⅰ . ①浑… Ⅱ . ①张… Ⅲ . ①拳术 – 基本知识 – 中国 Ⅳ . ① G852.19

中国国家版本馆 CIP 数据核字 (2023) 第 198352 号

浑元散手拳
HUNYUAN SANSHOUQUAN

出 版 人：阎文凯
主　　编：张　静
策划编辑：徐俊杰
责任编辑：徐俊杰
封面设计：吕雁军

出版发行：山西出版传媒集团・山西科学技术出版社
地址：太原市建设南路 21 号　邮编：030012
编辑部电话：0351-4922107
发行电话：0351-4922121
经　　销：全国新华书店
印　　刷：山西基因包装印刷科技股份有限公司

开　　本：787mm × 960mm　1/16
印　　张：8
字　　数：122 千字
版　　次：2023 年 11 月第 1 版
印　　次：2023 年 11 月山西第 1 次印刷
书　　号：ISBN 978-7-5377-6329-5
定　　价：35.00 元